HISTOIRE GÉNÉRALE

DE

PARIS

‖‖‖‖‖‖‖‖‖‖‖
I0153744

COLLECTION DE DOCUMENTS

FONDÉE

AVEC L'APPROBATION DE L'EMPEREUR

PAR

M. LE Bon HAUSSMANN, SÉNATEUR

PRÉFET DE LA SEINE

ET PUBLIÉE SOUS LES AUSPICES DU CONSEIL MUNICIPAL

———◦———

INTRODUCTION

PARIS

IMPRIMERIE IMPÉRIALE

———

M DCCC LXVI

HISTOIRE GÉNÉRALE

DE

PARIS

INTRODUCTION

RAPPORT

A L'EMPEREUR.

SIRE,

Notre siècle, et ce sera l'une de ses gloires, a donné une impulsion remarquable aux études historiques.

Le simple récit des événements, tel qu'il nous a été transmis par les chroniqueurs et les annalistes, ne répondait plus aux légitimes exigences de la critique moderne; la science contemporaine, en excitant de nouveaux désirs, s'efforce chaque jour d'y satisfaire davantage. Non contente de préciser les lieux ou les dates, et de scruter les faits dans leurs sources les moins connues, elle en recherche librement les causes et les conséquences; elle étudie les peuples et les cités dans leurs origines les plus lointaines, et nous les révèle sous des aspects tout à fait inattendus. Des esprits investigateurs se succèdent dans cette voie; grâce à leurs travaux persévérants, l'Ethnographie, l'Archéologie et la Linguistique, sciences à peine soupçonnées autrefois, sont devenues parties intégrantes de l'histoire, et c'est dans ces conditions toutes nouvelles que s'élabore aujourd'hui le grand œuvre de la reconstruction de l'Antiquité et du Moyen Âge; c'est par cette continuité d'efforts que s'étend chaque jour l'horizon, naguère si restreint, des connaissances historiques. Ces idées sont familières à Votre Majesté. L'étude de l'Histoire, qui a été autrefois pour Elle une occupation et un refuge, la délasse aujourd'hui des fatigues du gouvernement. Cette persistance d'un Souverain à rechercher dans le passé l'explication du présent et la préparation de l'avenir est la plus haute expression et la manifestation la plus éclatante des tendances modernes.

SIRE,

La Ville de Paris s'est imposé, sous mon administration, l'obligation de ne rester étrangère à aucun des efforts de l'intelligence contemporaine. Ce devoir m'a paru d'autant plus impérieux, au point de vue spécial sur lequel je me permets d'attirer l'attention de Votre Majesté, que la Ville y a un intérêt direct et en quelque sorte personnel : son histoire est encore à faire.

Je n'ai pas pensé qu'il fallût essayer une fois de plus de composer la monographie de Paris, et de créer, en suivant les anciens errements, une de ces œuvres laborieusement complexes, telles qu'il s'en produit encore aujourd'hui. L'histoire de la Capitale de la France est un thème trop vaste, un tableau trop chargé, pour qu'on puisse espérer d'y réussir. En effet, indépendamment des faits religieux et politiques, la formation successive de la Ville, sa topographie, son administration, ses monuments, ses institutions de toute nature, constituent autant de branches distinctes, qu'il est impossible d'embrasser à la fois sans confusion.

Les deux derniers siècles nous ont légué, il est vrai, des ouvrages spéciaux sur les antiquités, les transformations, les mœurs et les traditions de la Cité parisienne; mais la plupart de ces travaux ne sont plus à la hauteur de l'érudition moderne, et l'on essaye chaque année de les rajeunir ou de les compléter par de nouvelles entreprises. Ainsi la bibliographie de Paris s'accroît sans cesse, et presque sans profit; car, en raison des avances considérables que nécessite un livre irréprochable sous le rapport de l'impression et des gravures, il apparaît bien rarement quelque ouvrage qui réponde à la grandeur et à l'importance du sujet.

Depuis plusieurs années, Sire, j'ai acquis la conviction que la Ville de Paris ne sera dotée d'une histoire digne d'elle, que si elle substitue son initiative aux efforts individuels tentés jusqu'ici. Pour être *générale*, pour pouvoir s'agrandir et se compléter sans cesse, cette histoire devra consister en une Collection de Monographies et de Documents originaux. Chacune de ces publications étant en particulier une œuvre remarquable, leur ensemble constituerait plus tard un véritable monument.

Avant de soumettre mon projet à Votre Majesté, j'ai voulu me rendre compte de la possibilité d'en assurer la réalisation. Dans ce dessein, dès 1860, j'ai proposé au Conseil municipal diverses mesures pour la recherche, la mise en ordre et la publication de documents relatifs à l'histoire administrative et à la topographie ancienne de Paris. En cette circonstance, comme dans toutes celles qui intéressent la gloire du règne de Votre Majesté et l'honneur de la Ville, j'ai trouvé dans le Conseil un auxiliaire dévoué. Pendant cinq années, les travaux historiques de la Ville ont été poursuivis sans relâche, et surveillés par une Commission spéciale, composée de Conseillers municipaux, auxquels ont bien voulu s'adjoindre des savants dont le nom fait autorité. Aujourd'hui l'épreuve est terminée; je crois pouvoir réaliser mon projet d'*Histoire générale de Paris*.

Avant de poser la première pierre de ce nouveau monument élevé à la gloire de la Ville, avant de mettre au jour le premier volume de cette publication, j'ai cru devoir exposer à Votre Majesté les motifs qui m'ont dirigé. Son assentiment constituerait une récompense précieuse pour tous ceux qui concourent à mon entreprise; bien plus, Son auguste approbation serait, pour mes successeurs, un puissant encouragement à persévérer dans la voie que j'ouvre aujourd'hui, avec la ferme confiance qu'elle ne sera plus abandonnée.

Je suis, avec le plus profond respect,

Sire,

de Votre Majesté,

le très-humble, très-obéissant serviteur

et très-fidèle sujet,

LE SÉNATEUR, PRÉFET DE LA SEINE,

G. E. HAUSSMANN.

Paris, le 12 décembre 1865.

LETTRE DE L'EMPEREUR.

Palais de Compiègne, le 15 décembre 1865.

Mon cher Monsieur Haussmann, j'applaudis à l'heureuse pensée que vous avez eue de faire écrire l'Histoire générale de Paris.

Cette collection de monographies, de plans et de documents authentiques, destinée à s'accroître sans cesse, permettra de suivre à travers les siècles la transformation de la Ville, qui, grâce au concours intelligent de son Conseil municipal et à votre infatigable activité, est aujourd'hui la plus splendide et la plus salubre des capitales de l'Europe.

Recevez donc mes félicitations, mon cher Monsieur Haussmann, et croyez à mes sentiments d'amitié.

NAPOLÉON.

PLAN

DE LA COLLECTION.

PLAN DE LA COLLECTION.

Le 28 novembre 1860, en exposant au Conseil municipal le projet d'études préparatoires qui devait aboutir au plan de l'*Histoire générale de Paris*, M. le Sénateur Préfet de la Seine indiquait en ces termes le motif déterminant d'une telle entreprise :

« La Ville de Paris ne doit rien dédaigner, rien oublier, « rien négliger de son passé. L'ancienne Administration muni- « cipale nous donnait l'exemple de ce soin respectueux : elle « gardait dans ses archives les titres sur lesquels étaient fondés « ses droits et ses priviléges; elle aidait à la publication de ses « statuts et de ses règlements, et elle encourageait de toute « manière les écrits relatifs à sa propre histoire..... »

« Vous penserez comme moi, Messieurs, ajoutait M. le ba- « ron Haussmann, qu'il serait digne de la Ville de recueillir, « de coordonner tous les titres de son histoire, et de reprendre « sur ce point la tradition du passé. De tous les monuments à « terminer ou à construire, ce ne serait ni le moins utile, ni « le moins durable. »

Ces considérations sommaires furent appréciées comme elles méritaient de l'être, et le Conseil s'associa avec empressement aux mesures dont M. le Préfet prenait alors l'initiative[1]. Ce n'est point, en effet, un médiocre stimulant que de retrouver dans les préoccupations d'une autre époque la trace des pensées, le germe des travaux de notre temps; et, si les idées du moment ont quelquefois le privilége de passionner, les choses de tradition sont, en réalité, les seules qui attachent.

Cinq années de travaux préliminaires ont donné depuis à l'Administration municipale l'assurance qu'une œuvre définitive pouvait être abordée sans témérité, et que le temps était venu de substituer un plan d'ensemble à quelques études isolées. Désireuse de procéder avec méthode et de mettre à profit les leçons du passé, l'Administration a fait rechercher, parmi les actes de l'ancienne Édilité, ceux qui témoignent d'un intérêt particulier pour les annales de Paris. Le résultat de ce travail a mis en pleine lumière les louables intentions des Magistrats municipaux; mais, en revanche, il n'a laissé aucun doute sur la manière dont la Ville doit reprendre aujourd'hui la tradition des grandes études historiques. Il demeure, en effet, bien constaté que les meilleurs projets d'autrefois survivaient rarement aux hommes d'initiative qui les avaient conçus, et que les efforts les plus sagement combinés aboutissaient d'ordinaire à un simple commencement d'exécution.

----

[1] Délibération du 28 novembre 1860.

Ce caractère purement viager ne peut plus convenir aux travaux que la Ville de Paris honore de son patronage; l'esprit de suite y est absolument indispensable, et, pour y réussir, il faut que l'œuvre et l'ouvrier soient assurés d'une protection continue. Pénétrée de cette conviction et fixée, par les essais qu'elle venait de faire, sur la possibilité de réaliser sa pensée, l'Administration municipale n'hésita plus à poser les bases solides de l'édifice historique qu'elle projetait. Un ouvrage isolé a peu d'action sur les études ultérieures; une *collection*, au contraire, est un cadre toujours ouvert et provoque sans cesse de nouveaux travaux. C'est dans cet ordre d'idées qu'on devait naturellement chercher des garanties de durée.

Lorsque M. le Préfet se fut arrêté à cette solution, il s'empressa de soumettre son projet à l'Empereur, persuadé que le chef de l'État et l'historien daignerait également l'approuver. La réponse de Sa Majesté ne s'est pas fait attendre : désormais l'histoire de Paris est assurée du patronage auguste qu'elle n'avait encore obtenu qu'une seule fois : comme Louis XIV, Napoléon III a témoigné le vif intérêt que lui inspire une telle entreprise.

De son côté, le Conseil municipal, qui s'est associé avec tant de persévérance aux projets dont la réalisation était réservée à notre siècle, a tenu à honneur de payer sa dette à l'art et à l'histoire. Après avoir, par un concours aussi actif qu'éclairé, rendu possible la transformation de la Capitale, il a reconnu qu'une Histoire générale de Paris devait être le

complément de cette grande œuvre. Une Commission, prise
dans son sein, et complétée par l'adjonction de plusieurs
notabilités scientifiques, a donc accepté la mission de pré-
sider à l'ensemble des travaux[1]. En même temps une Sous-
Commission permanente, ayant à sa tête le Secrétaire général
de la Préfecture, a été chargée de répartir le travail, d'en
faciliter la marche journalière et d'en assurer les résultats[2].
Sous la direction de cette Sous-Commission ont été placés des
hommes spéciaux, que leurs études antérieures désignaient
au choix de M. le Préfet de la Seine, et dont la réunion
constitue le Service historique de la Ville de Paris[3]. Quelques-
uns ont pris place dans les rangs du personnel administratif;
d'autres travailleront librement au dehors; chacun se propose de traiter un côté particulier de l'Histoire de Paris. Leur
nombre, assez restreint d'abord, est destiné à s'accroître à mesure que se révéleront de nouvelles aptitudes, et les parties
du programme qui n'auront pu être remplies par les travailleurs du présent sont léguées, dès aujourd'hui, aux travailleurs
de l'avenir.

En recevant leur mandat de l'Administration municipale,
les collaborateurs de la Ville de Paris ne peuvent se dissimuler
l'étendue des devoirs que leur imposent de tels encouragements, joints à des précédents si nombreux et si honorables.
A certains égards, l'œuvre à accomplir est peut-être plus rude

[1] Arrêté du Sénateur Préfet de la Seine, en date du 29 décembre 1865.
[2] Même arrêté.
[3] Autre arrêté en date du même jour.

pour eux qu'elle ne l'était pour leurs devanciers : au temps où écrivaient les Sauval, les Félibien et les De Lamare, l'ancien ordre de choses était encore debout avec ses interprètes traditionnels, et les documents lentement amassés par les siècles demeuraient à peu près intacts dans les archives et les bibliothèques. Il suffisait donc le plus souvent de regarder pour bien décrire, ou de prêter l'oreille pour être en mesure de bien raconter ; et, quand il devenait nécessaire d'interroger le passé, les institutions, les mœurs, les coutumes, restées presque immobiles, aidaient à comprendre les vieux récits et servaient de commentaire aux textes les plus obscurs. De nos jours, au contraire, les traditions orales, l'aspect des lieux, les raisons et les motifs des choses ont disparu avec d'inappréciables richesses manuscrites ; et au témoignage, qui constate, ont dû succéder la science, qui évoque, et l'érudition, qui restitue.

Cette inégalité de situation, atténuée d'ailleurs par l'excellence des procédés de recherche et la supériorité de la méthode historique moderne, loin de rebuter les hommes laborieux auxquels l'Administration municipale a confié le soin de réaliser sa pensée, ne peut, au contraire, que stimuler leur zèle en ajoutant à leur mérite. La nature du sujet exclut évidemment ce genre de compilation facile qui usurpe quelquefois la renommée due aux écrits sérieux ; mais, en renonçant à des succès passagers, les collaborateurs de la Ville de Paris ont une ambition plus haute : ils veulent ne produire que des œuvres solides, mûrement étudiées, dignes à la fois des suf-

frages du monde savant et de la protection éclairée qui leur
est venue de si haut. De son côté, la Ville a résolu de ne rien
épargner pour éditer convenablement sa propre histoire : les
presses de l'Imprimerie impériale ont été mises à sa disposition; les artistes les plus habiles lui prêtent leur concours, et
la beauté de l'exécution matérielle répondra à l'importance
intrinsèque de l'entreprise.

A peine fondée, la nouvelle *Collection* est en pleine voie de
formation : une publication importante doit prochainement
l'inaugurer; d'autres ouvrages, signés de noms recommandables s'achèvent en ce moment, et des offres de collaboration
sont faites à la Ville par les représentants les plus autorisés de
la science historique. Il y a donc tout lieu d'espérer que le
cadre tracé par M. le Préfet de la Seine se remplira d'année
en année, grâce aux efforts que l'Administration municipale
a déjà provoqués et aux accessions nouvelles qu'elle appelle
de tous ses vœux. Ce n'est pas trop, en effet, du concours de
tous les hommes de travail et de bon vouloir, pour élever
ainsi, assise par assise, ce monument, au fronton duquel
l'Édilité parisienne inscrit aujourd'hui ces mots :

HISTOIRE GÉNÉRALE DE PARIS.

PRÉCÉDENTS HISTORIQUES.

SOMMAIRE.

——

Sollicitude constante des Magistrats municipaux pour la conservation et la transmission de leurs actes. — *Livre des Métiers* (1258). — *Livre des Sentences* (1268-1321). — *Chartæ Burgensium Parisiensium*. — Statuts de la Prévôté des Marchands et Échevinage de la Ville de Paris (1412-1415). — Clercs du Parloir aux Bourgeois. — Encouragements qui leur étaient donnés. — Registres du Bureau de la Ville (1499-1784). — Comptes des recettes et dépenses de la Ville (1425-1768). — Inventaires. — Testament de Ramus : première fondation historique proposée par les Magistrats municipaux; Jacques Gohorry (1573). — *Lutetia*, poëme latin de Raoul Boutrays (1611). — Les ouvrages français : Corrozet, Bonfons, Du Breul, Malingre, etc. (1532-1640). — Topographie parisienne patronnée par la Prévôté des Marchands : Boisseau, Gomboust, Bérey, Bullet, etc. (1650-1676). — De Lamare encouragé par le Parlement, l'Hôtel-Dieu et le Châtelet; *Traité de la Police* (1677-1705). — Histoire de Paris entreprise par le Bureau de la Ville : Félibien, Lobineau, Le Roy (1711-1725). — Interruption momentanée. — Nomination d'un historiographe de la Ville : Bonamy (1734). — Projet de deux grandes entreprises historiques : travaux de Bonamy, Bouquet, Ameilhon. — Nomination d'un géographe de la Ville : De Lagrive; ses prédécesseurs, Bernard Jaillot, Jacques Chevillard; son dernier successeur, Robert de Hesseln, etc. (1720-1785). — Création de la Bibliothèque de la Ville et réunion des fonctions de bibliothécaire à celles d'historiographe (1762). — Abandon des travaux commencés. — Le secrétaire de la Commune de Paris (1789). — Reprise des études historiques en 1821. — Monographie de l'Hôtel de Ville (1846). — Atlas du Palais de Justice (1856). — Conclusion.

PRÉCÉDENTS HISTORIQUES.

I. — EXPOSÉ.

La Prévôté des Marchands a toujours placé au premier rang de ses devoirs la conservation de ses coutumes et le maintien des priviléges de toute nature qui formaient le patrimoine commun des Bourgeois de la cité. Aussi attachait-elle une extrême importance à la garde des titres qui constataient l'existence de ses droits et légitimaient l'exercice de son pouvoir; elle les faisait transcrire par ses Clercs, en confiait le dépôt à ses principaux officiers, et les défendait énergiquement contre toute agression. Il se forma ainsi, avec cette patiente lenteur qui est le trait caractéristique du moyen âge, un ensemble de documents écrits dont la tradition orale était le commentaire, et que les Magistrats municipaux se transmettaient avec une religieuse fidélité. Éléments essentiels de l'Administration parisienne pendant toute la durée de l'ancien

4

régime, ces documents sont devenus avec le temps l'une des
sources de l'Histoire de Paris; et l'ancienne Édilité, qui les
avait conservés surtout pour les besoins de sa gestion, en a
libéralement ouvert le dépôt chaque fois qu'elle a donné à des
écrivains la mission d'étudier ses origines ou d'exposer la succession de ses actes.

Ce serait donc méconnaître les efforts du passé que d'assi-
gner une date déterminée à ce travail de préparation historique
accompli par la Ville sans qu'elle soupçonnât toute l'importance
des ressources qu'elle ménageait ainsi à l'avenir. L'idée, assez
vague d'abord et forcément restreinte aux nécessités du Gouvernement municipal, s'est développée peu à peu avec le temps
et le progrès des lumières; elle a traversé les époques les plus
agitées, survivant aux projets du moment et aux créations de
circonstance; elle a produit des œuvres considérables, trop
oubliées aujourd'hui, et laissé des indications précieuses à
recueillir; elle constitue enfin une de ces traditions vivaces
qui s'imposent à l'attention de la critique, et que l'érudition
moderne est heureuse de continuer.

A l'époque où l'histoire proprement dite était encore à
naître, alors que d'informes chroniques succédaient aux traditions orales, jadis seules gardiennes des plus antiques souvenirs, les Magistrats de la Ville, soit qu'ils tinssent leurs pou-
voirs du Roi comme le Prévôt de Paris et ses lieutenants, soit
qu'ils fussent, dans une certaine mesure, l'expression du vœu
populaire comme le Prévôt des Marchands et les Échevins, se
préoccupaient déjà, avec une égale sollicitude, de la conser-

vation et de la transmission de leurs actes[1]. Aux yeux de l'historien, ce n'est pas une sèche nomenclature de professions, un simple recueil de règlements, que ce *Livre des Métiers* écrit par l'ordre du Prévôt réformateur, Étienne Boileau (1258); ce n'est pas seulement un répertoire de jurisprudence administrative que ce *Livre des Sentences* rendues en l'auditoire du Parloir aux Bourgeois, depuis la prévôté de Jean Augier (1268) jusqu'à celle de Jean Gentien (1321). On y trouve, parmi les menus détails du commerce et de l'industrie à cette époque, des particularités historiques extrêmement curieuses, dont plus d'un chercheur a fait son profit; on sent, en parcourant ces actes, que les administrateurs prévoyants auxquels nous en devons la conservation, avaient conscience du service qu'ils

Un ancien Échevin, auquel la Ville doit la conservation et le classement de ses archives, M⁰ Jean Poussepin, qui écrivait en 1583, témoigne en termes énergiques du soin avec lequel la Prévôté des Marchands conservait les matériaux de sa future histoire : « Par cet inventaire, dit-il, l'on pourra remarquer la « dévotion que nos peres ont eue à nous « acquérir un ample et tres-beau patri- « moine, et encore plus excellant qu'il se « représente; lequel a esté diminué et ex- « pillé pendant qu'il a esté come en tutelle, « administré soubz la main estrangere de « nos ennemis anciens et invétérez, les « Angloix, qui ont tiré (comme il est vray- « semblable) le plus beau, pour oster aux « enffans, vraiz et légitimes héritiers et suc- « cesseurs en ceste hérédité, la cognois- « sance des dons, privilleges, droictz et « immunitez à eulx faictz par leur prince na- « turel et légitime, confirmez de siecle en

« siecle jusques à huy. Ce qui reste encores « touteffoys est encores suffisant et bastant « pour deffendre contre les pyrattes de ce « navire, contre les ventz et les viollences « des meschans, la conservation de l'inte- « grité et virginité de ceste Ville. »

« Anatheme, ajoute Jean Poussepin, à « icelluy qui causeroit une confussion et « désordre à ce qui m'a cousté sy cher et « faict veiller mainctes nuicts, pour m'en « expédyer promptement comme de chose « nécessaire à la Ville. » Il termine en priant le Prévôt des Marchands, Étienne de Neully, de « voulleoir estre le gardien » de son travail, de le préserver « des mains « légeres et larronesses de ceux qui seroient « bien ayses y faire un singulier larcin, » et il prémunit les Magistrats municipaux contre la « calumnie qui voudroit entre- « prendre de baguer, mesdire et envyer « ce recueil...................... »
(Voir Pièces justificatives, II.)

rendaient à leurs successeurs autant qu'à leurs contemporains. Non contents, en effet, de produire ces précieux documents, avec les édits et lettres patentes à l'appui, chaque fois qu'ils avaient à soutenir devant le Parlement leurs droits méconnus, ils les faisaient encore transcrire sur des registres par le *Clerc du Parloir* ou le greffier du Châtelet, afin de mettre ceux qui viendraient après eux en état de continuer ce rôle traditionnel de « Curateurs de la Ville » et de « Défenseurs de la Cité, » que leur assignait le droit municipal romain, d'accord avec les « Ordonnances royaulx » et la tradition tout entière. C'est ainsi qu'on les voit, aux assises de la Pentecôte de l'année 1270, dérouler devant la Cour une série de pièces que le rédacteur des *Olim* appelle Chartes des bourgeois de Paris, *Chartæ Burgensium Parisiensium*[1]; et que, vers 1292, sur l'ordre de Jehan Arrode (ou de Jehan Popin), Prévôt des Marchands, le clerc Raoul de Paci consigne en un registre les « Establissemens » de la Prévôté royale à côté des « Sentences » de la Prévôté bourgeoise.

Ce désir mutuel de conservation et de transmission survit à la confiscation momentanée de la juridiction municipale sous le règne de Charles VI (1382-1415). Le « garde du thrésor, » c'est-à-dire des chartes du Roi, avait veillé fidèlement sur les archives de la Maison aux Piliers, et le Prévôt de Paris s'était montré soucieux de faire exercer provisoirement par un « garde « à ce commis » les droits de l'Échevinage « mis et gouvernez en « la main royale. » Aussi, lorsque Étienne de Mauregard reçut du Roi l'ordre de « baillier et délivrer aus diz Prévost et Esche-« vins, pour en avoir la garde et possession par devers eulx,

---

[1] *Olim*, t. I, p. 368, n° XI.

« toutes les chartres, originaulx et aultres lettres qui estoient
« par devers luy au dict thrésor; » lorsque Jean Mauloue,
Conseiller au Parlement, conjointement avec le Procureur
général, le Prévôt des Marchands et les Échevins, eut rédigé,
par commandement exprès du Roi[1], les nouveaux « Statuts de
« la Prévosté des Marchans et Eschevinaige de la Ville de
« Paris, » la tradition, qu'on pouvait croire brisée, se renoua
pour ne plus s'interrompre désormais (1412-1415).

On ne saurait croire avec quel soin respectueux ces débris
du vieux droit municipal, sans lesquels l'Édilité parisienne
n'aurait pas d'histoire, furent recueillis par les Commissaires
du Roi et par ceux de la Ville : « Leur premier travail, dit le
« contrôleur Le Roy, fut de rassembler tout ce qu'ils purent
« des chartes, papiers, *vidimus*, registres, cahiers et autres
« enseignements anciens. Des lettres furent expédiées en
« chancellerie, pour retirer les titres qui avoient été portés
« au trésor des chartes, et le garde de ce trésor eut ordre
« d'expédier des *vidimus* de toutes les autres pièces qui s'y

---

[1] « Charles, par la grace de Dieu, etc.
« ... Come... nous eussions commis nostre
« amé et féal Conseillier en nostre Parle-
« ment, maistre Jehan Mauloue, pour sça-
« voir et enquérir, avecques lesditz Prevost
« et Eschevins et nostredict procureur, des
« ordonnances, coustumes, constitutions,
« statuz, usages et communes observances
« ancienes que len souloit garder, et dont
« le temps passé on a usé et estoit néces-
« saire et très expédient de user ou temps
« avenir ou faict desditz Prevosté, Esche-
« vinage et Marchandise, tant par bour-
« geois, marchans, preudhomes et autres
« anciens en ce congnoissans, come par

« chartres, *vidimus*, livres, quaiers, pa-
« piers, registres et autres enseignemens
« anciens, et tout ce rapporter par articles
« par devers nous ou nostre amé et féal
« chancellier, pour sur ce ordonner et
« bailler telles lettres come il appartien-
« dra; lequel nostre Conseillier, et lesditz
« Prevost et Eschevins de nostredicte
« Ville et nostredict procureur, appellez
« plusieurs nobles personnes, bourgeois,
« marchans et autres de plusieurs et di-
« vers estas en grant nombre, ayent sur
« ce procédé en grant et meure délibera-
« cion, etc......... » (*Grande ordonnance
de 1415.*)

« trouveroient et qui pourroient servir à ce dessein. A ces
« précautions prises pour former la preuve par écrit, les Com-
« missaires joignirent encore la preuve testimoniale. Ils convo-
« quèrent des assemblées fréquentes et nombreuses, où furent
« appellées des personnes de tous les états de la Ville, les
« mieux instruites de ses affaires et de ses droits; des vieil-
« lards qui avoient autrefois passé les charges de la magistra-
« ture ou rempli d'autres postes dans le Corps municipal; des
« officiers qui avoient exercé ou qui exerçoient actuellement
« des fonctions dépendantes de la Ville; des anciens bour-
« geois et marchands versés dans la connoissance de ces ma-
« tières, et une infinité d'autres furent admis dans ce conseil
« et consultés. Les Commissaires, ayant pris leur avis, dres-
« sèrent procès-verbal des dépositions de cette multitude de
« témoins, qui déclaroient ce qu'ils avoient appris par tradition
« et qu'ils avoient toujours vu pratiquer des anciennes cons-
« titutions de la Ville; et, après trois ans de délibérations et
« de recherches, sur l'autorité des titres jointe à celle des dé-
« positions, le tout mûrement examiné, l'ancien droit de la
« Ville fut rédigé[1]. »

L'agent le plus naturellement investi de cette mission con-
servatrice était le Clerc du Parloir aux Bourgeois. On peut
voir, au frontispice des vieilles éditions du recueil des « Or-
« donnances royaulx sur le faict et jurisdiction de la Prévôté des
« Marchans et Eschevinaige, » ce docte personnage, tel que la
gravure sur bois l'a naïvement représenté, debout à la gauche
du Procureur de la Ville et tenant à la main les feuilles

---

[1] *Dissertation sur l'origine de l'Hôtel de Ville*, seconde partie, § 3, p. XXVI et XXVII.

Messeigneurs les Prévost des Marchans et Eschevins de la Ville de Paris.

Le greffe

Le receveur

Et deux

Les quatre Sergens de la Marchandise.

Les six Sergens du Parlouer aux Bourgeoys.

sur lesquelles il consigne les principaux actes du Gouvernement municipal : c'est, en quelque sorte, l'historiographe
primitif.

L'histoire nous a conservé les noms de quelques-uns de ces
clercs, utiles auxiliaires de la Prévôté bourgeoise et guides
indispensables de tout érudit qui veut aujourd'hui scruter les
origines de l'Édilité parisienne. Les plus anciens dont il soit
fait mention sont : maître Thierry (1268), qui écrivit la première « Sentence » de notre recueil; Raoul de Paci, qui exerça
ses fonctions pendant plus de quinze ans et paraît avoir joui
d'une grande autorité (1290); Gilles Marcel, frère du fa-
meux prévôt Étienne, tué avec lui au mois d'août 1358;
Robert Louvel, nommé à cet office « par l'eslection des Pre-
« vost des Marchans et Eschevins, et aussi de plusieurs et grant
« quantité de marchans et bourgeois d'icelle Ville [1] » (1411), lequel tint de 1414 à 1416 le plus ancien registre des comptes
de la Ville; Jean Falle, qui fut élu dans les mêmes conditions (1422), et ne put continuer qu'en 1424 le registre commencé par son prédécesseur, à cause de l'occupation de la
Ville et du royaume par les Anglais; Jean Luillier et son
fils (1447-1467), qui joignaient, comme leurs prédécesseurs,
la charge de receveur de la Ville à celle de garde des archives
municipales; Denis et Jean Hesselin (1500-1506); Pierre
Perdrier (1540); Claude Bachelier (1556); Nicolas et François Courtin (1583-1601); Guillaume Clément (1609), qui
dressa, conjointement avec François Courtin, plusieurs « in-

---

[1] Arch. de l'Emp. Reg. des Réceptions, ancien K 996, fol. 23.

ventaires, répertoires, mémoires et instructions[1]; » François Clément, fils du précédent (1610); Martin Le Maire (1649); Jean-Baptiste Langlois (1660); Jean-Baptiste-Martin Mitantier (1681); Jean-Baptiste Taitbout (1694), et d'autres encore, qui, comme plusieurs de leurs devanciers, avaient substitué le titre de greffier à celui de clerc.

Promoteurs zélés de ce qu'on peut appeler l'œuvre historique de ce temps-là, les Prévôts et les Échevins facilitaient le travail et encourageaient de toute manière les Clercs du Parloir, soit en leur fournissant, comme Jean Baillet (1445) et Jean Bureau (1451), des tablettes « pour mettre par mémoire « plusieurs choses qui surviennent touchant les affaires de « ladicte Ville; » des coffres et layettes, avec reliures, fermoirs et agrafes « pour iceux servir à mettre les comptes, lettres et « autres choses appartenant à icelle Ville, » etc. soit en prenant directement leur part de la besogne, comme le firent Christophe de Thou, successivement Échevin, Conseiller de Ville et Prévôt des Marchands, qui « mist et rédigea par escrit »

---

[1] Voici les titres des travaux de Guillaume Clément :

1° « Inventaires des edictz, lettres, privilleges, contractz, comptes rendus, rachapts de rentes et autres titres et pièces « concernans tant le domaine patrimonial, « dons et octrois, rentes constituées sur « l'Hostel de ladicte, que autres biens « concernans le bien d'icelle Ville, faicte « par moy Guillaume Clément, commis « au greffe de ladicte Ville, par ordonnance et commandement de messire Anthoine Guiot, seigneur de Charmeau, et

« Aussac, Conseiller du Roy nostre sire en « conseil d'Estat privé, président de la « Chambre des Comptes, Prévost des Marchans, etc... et noble homme Me François Courtin, greffier d'icelle;

2° « Répertoires, mémoires et instructions des choses remarquables estant dans « les registres du greffe de l'Hostel de la « Ville de Paris, dont, par exemple, l'on « peut avoir affaire, tirées et extraictes desdicts registres par moy Guillaume Clément, greffier de ladicte Ville soubzsigné. »

les coutumes de la Prévôté et Vicomté de Paris[1], et Jean Poussepin son collègue (1583), qui dressa lui-même l'inventaire des archives existant de son temps[2]; c'était préluder aux travaux historiques de Louis de Saint-Yon, qui devint Échevin sous la prévôté de Nicolas Hector de Péreuse (1586-1588), et tint un journal des événements dont il fut témoin pendant les troubles de la Ligue[3].

Mais le service le plus important que les Clercs du Parloir, obéissant à l'impulsion des Prévôts, aient pu rendre à l'histoire de Paris, c'est incontestablement la rédaction des procès-verbaux des délibérations du Corps municipal et la tenue des Comptes des recettes et dépenses. La première de ces collections, connue sous le nom de *Registres du Bureau de la Ville*, ne comprend malheureusement que cent quatre volumes grand in-folio, commençant au mois d'octobre 1499 et finissant au mois de mars 1784. Tout ce qui est antérieur à la fin du XVe siècle ne nous a pas été conservé; il existe, en outre, dans

---

[1] *Coustumes de la Prévosté et Vicomté de Paris mises et rédigées par escrit par nous Christofle de Thou, Claude Anjorant, etc.* Paris, Jacques du Puis, 1580. Ce recueil est précédé d'une longue préface, écrite en français par « Loys de Sainction, » et d'une seconde préface rédigée en latin par René Choppin, qui loue le président de Thou d'avoir corrigé et restitué l'ancien droit municipal et provincial, comme il avait corrigé et restitué le droit public dans tout le royaume. René Choppin, savant avocat au Parlement de Paris, a publié lui-même un livre fort curieux intitulé : *De civilibus Parisiorum moribus ac institutis*, Paris, 1589.

[2] Ce travail est intitulé : «Inventaire

« des tiltres, enscignemens et papiers trou-« vez au Trésor de ceste Ville de Paris, « faict en 1583, par maistre Jehan Pous-« sepin, Conseiller du Roy en sa Prévosté « de Paris, lors Eschevin d'icelle. » (Voir la préface dont le laborieux collecteur fit précéder son inventaire. — Pièces justif. II.)

[3] Ce journal a pour titre : *Histoire très-véritable de ce qui est advenu en ceste Ville de Paris depuis le VII mai 1588 jusques au dernier jour de juin ensuyvant audit an*. Paris, Michel Jouin, 1588. On trouve le journal de Louis de Saint-Yon dans les *Mémoires de la Ligue* (t. II, p. 490), et dans les *Preuves de la Satire Ménippée* (t. III, p. 39, édit. de Ratisbonne).

la collection, plusieurs lacunes correspondant aux époques de guerres et de troubles civils. Les *Comptes* originaux des recettes et dépenses de la Ville, qui permettent de contrôler maintes assertions et ont servi à relever de nombreuses erreurs, nous sont également parvenus dans un état de mutilation regrettable : ils ne commencent qu'à l'année 1425, présentent des lacunes considérables et se terminent en 1768, laissant ainsi dans l'ombre tout ce qui a précédé la grande ordonnance de Charles VI, c'est-à-dire plusieurs siècles de Gouvernement municipal [1].

Telles qu'elles sont aujourd'hui, ces deux Collections n'en constituent pas moins une source de renseignements des plus abondantes : tous les historiens de Paris y ont puisé, et en particulier Du Breul, Sauval et De Lamare. Félibien et Lobineau y ont pris une bonne partie des *preuves* dont se composent leurs trois derniers volumes, bien qu'ils se soient bornés à de simples extraits. De nos jours enfin, MM. Cimber et Danjou, Le Roux de Lincy et Douët-d'Arcq en ont fait l'objet de

[1] Il existe heureusement une analyse des comptes antérieurs dans le précieux recueil intitulé : « Inventaire général de « tous les registres, tiltres et papiers con- « cernans le domaine patrimonial, cens, « fonds de terre, octrois et autres droits « appartenant à la Ville de Paris, rentes et « autres affaires publiques estans en l'une « des chambres de l'Hostel de ladicte Ville « appellée *le Grand Trésor*, et qui ont esté « mis par ordre, etiquetez, enliassez et « placez dans des armoires et sur des « tablettes posez à cet effet, en la ditte « chambre, par les ordres de messire Au- « guste Robert de Pomereu, chevalier « seigneur de la Bretesche-Saint-Nom, « conseiller d'Estat ordinaire, Prévost des « Marchands, et de messieurs Gamarre, « Chauvin et Parque, Eschevins de la dicte « Ville. »

L'administration du Prévôt de Pommereu dura sept ans, de 1676 à 1683. Des trois Échevins mentionnés dans l'Inventaire qui précède, le premier, Michel Gamarre, ne fut élu qu'en 1682, et les deux autres, Michel Chauvin et Pierre Parque n'entrèrent en charge qu'en 1683, ce qui donne la date de la rédaction dudit inventaire, lequel se trouve justement postérieur d'un siècle à celui de Jean Poussepin.

publications étendues, et il reste encore à glaner dans cette riche moisson, après toutes les récoltes qu'on y a faites. Les *Registres*, en effet, ne se bornent pas à exposer au lecteur les actes ordinaires du Gouvernement municipal; ils racontent longuement la participation des officiers de la Ville aux événements politiques, religieux et militaires dont Paris a été le théâtre; ils décrivent les fêtes, entrées solennelles et autres cérémonies, disent le nombre et la valeur des tableaux, statues et objets d'art commandés par l'Édilité aux artistes du temps, et vont jusqu'à mentionner dans le plus grand détail les décorations passagères des jours de gala [1]. Moins variés et surtout moins explicites, les *Comptes* ont servi principalement à retracer le tableau des travaux de diverse nature ordonnés par la Ville, éclairant ainsi tout un côté, jadis fort obscur, de l'ancienne Administration municipale, et permettant d'établir, sous ce rapport, une certaine comparaison entre les actes de l'Édilité contemporaine et ceux du vieil Échevinage.

Mais les « Establissemens » et les « Sentences, » les « Registres » et les « Comptes, » ne suffirent bientôt plus aux exigences toujours croissantes de l'esprit d'investigation. La découverte de l'imprimerie et la renaissance des lettres avaient amené un besoin d'information et de publicité que les archives particulières et les simples recueils d'administration étaient impuissants à satisfaire. Les Magistrats municipaux s'en préoc-

---

[1] Les Registres du Parlement offrent, au point de vue historique, une grande analogie avec ceux du Bureau de la Ville, et le greffier qui les tenait a plus d'un trait de ressemblance avec le Clerc du Parloir aux Bourgeois. Il y a là une source d'informations extrêmement précieuses, que le temps seul n'a pas encore permis d'épuiser.

cupaient, lorsqu'une circonstance inattendue vint fort à propos servir leurs desseins. Sept mois après la Saint-Barthélemy (17 mars 1573), le testament de l'une des plus illustres victimes de cette horrible journée, apporté à l'Hôtel de Ville dès le 31 octobre 1572, fut ouvert en Parlement. Le testateur, Pierre Ramus, professeur d'éloquence et de philosophie, puis de mathématiques, physique et métaphysique au Collége Royal, y léguait cinq cents livres de rente pour l'enseignement des mathématiques dans la Ville de Paris, et parmi les exécuteurs testamentaires se trouvaient le Prévôt des Marchands et les Échevins [1].

Ces magistrats, au nombre desquels figurait alors le neveu d'un des collègues de Ramus, virent dans la mission qui leur était donnée, le moyen de venir en aide à la science historique, dont l'Université n'avait alors nul souci, et ils crurent pouvoir modifier en ce sens les dernières volontés du testateur. Ils présentèrent donc à la Cour de Parlement une requête par laquelle ils remontraient « que Me Pierre de la Ramée « auroit légué cinq cents livres tournois de rente, qu'il avoit « sur ladicte Ville, au lecteur de mathématiques qui seroit eslu « par eux supplians, le Premier Président de la dicte cour et le « Premier Advocat, et que c'estoit chose superflue attendu la « multitude des lecteurs de mathématiques stipendiés par le « Roy et par les colléges, et qu'il seroit plus expédient d'em- « ployer ladicte rente aux gages d'une personne capable qui

---

[1] Les Officiers municipaux alors en exercice étaient le Prévôt Jean Le Charron, président de la Cour des Aides, et les Échevins Jean de Bragelongne, Léon Le Jay, Jacques Perdrier, et Robert Danès, de la famille de l'illustre helléniste.

« seroit eslue par les dessus dits et le Procureur général du
« Roy, pour continuer l'Histoire de France de Paul Émile [1],
« depuis le commencement de Charles VIII jusques au Roy à
« présent régnant [2]. »

Le Prévôt des Marchands et les Échevins, plus soucieux, en
cette circonstance, de l'histoire du royaume très-chrétien que
de celle de leur Ville, virent leur requête accueillie par provision, et l'avocat Jacques Gohorry, professeur de mathématiques, dont la famille avait déjà occupé les charges municipales [3], put, grâce aux discussions que soulevait la succession
de Ramus, écrire en latin une histoire de Charles VIII et de
Louis XII, qu'il dédia à Christophe de Thou [4], ancien Prévôt
des Marchands, père de Jean de Thou, Conseiller de Ville, et
de Jacques-Auguste de Thou, l'auteur de l'*Histoire universelle*,
la plus grande illustration de la famille [5].

Toutefois, maître Jacques Gohorry eut, aux yeux de la
postérité du moins, le double tort de ne point se faire l'histo-

[1] Paul Émile (Paolo Emilio), né à Vé-
rone vers 1460 et mort à Paris en 1529,
vint en France sous le règne de Charles VIII, qui le nomma son « orateur » et
« chroniqueur. » Ses Annales, qui devaient
embrasser dix livres, n'en renferment que
six, publiés en 1516 et 1519.

[2] Pièces justificatives, I.

[3] On trouve dans la liste des quarteniers, dixeniers et cinquanteniers, un
Gohorry en 1542, et un Pierre Gohorry
en 1554.

[4] La préface de Gohorry, écrite en latin
comme son livre, est adressée *ad D. Chrõph.
Thuanum equitem, regii consilii senatorem,
P. Præs. Senatus Paris.* L'élu du Parlement

et de l'Édilité parisienne y demande à
Christophe de Thou le secret de cet invio-
lable attachement à la vertu et à l'honneur
qui caractérise la famille de Thou, et dont
il entend bien ne pas se départir lui-même,
même dans sa manière d'écrire, *vel in styli
ratione.* S'il y parvient, ce sera par l'aide
de son illustre protecteur : *hoc mihi per te
liceat, Thuane optime.* Il termine par une
dédicace des plus élogieuses : *Tibi vero uni,
maxime Thuane, uni ego merito hoc opus lu-
bens dono, do dicoque. Vale.*

[5] La famille de Thou, qui personnifie
de la manière la plus heureuse l'alliance
de l'histoire et de l'Échevinage parisien,
compte plusieurs de ses membres parmi les

rien propre de cette Prevôté qui le patronnait malgré toutes les oppositions, et d'employer pompeusement la langue des lettrés, comme le fit, trente ans plus tard, le poëte Raoul Boutrays, au moment même où l'idiome vulgaire, définitivement constitué, allait enfin avoir sa littérature classique[1]. Aussi bien, la Ville avait déjà trouvé ses historiens spéciaux, qui, mieux avisés, parlaient comme tout le monde et se faisaient lire par le menu peuple ainsi que par les docteurs de Sorbonne. Le libraire Corrozet et son continuateur Bonfons[2] n'avaient point osé, peut-être, dédier leur modeste in-douze aux magistrats de l'Hôtel de Ville ou du Châtelet; le P. Jacques Du Breul[3] se borna plus tard à remercier « Monsieur le Président de Thou, qui, dit-il, *me dudum in clientelam suam recepit, suarumque lucubrationum participem fecit,* » et « Monsieur Nicolas Roland, sieur Du Plessis, « lequel, ajoute-t-il, m'a presté l'inventaire des tiltres et en- « seignemens de l'Hostel de Ville, fait par maistre Jean Pous-

Officiers municipaux. Augustin de Thou, Prévôt des Marchands en 1538, fut père de, 1° Augustin de Thou, Conseiller de Ville en 1575 et Prévôt des Marchands en 1580; 2° Christophe de Thou, Échevin en 1535, Conseiller de Ville en 1537, Prévôt des Marchands en 1552 et de nouveau Conseiller de Ville en 1579. Ce dernier eut trois fils : 1° Christophe-Auguste de Thou, Conseiller de Ville en 1582; 2° Jean de Thou, Conseiller de Ville en 1576; 3° Jacques-Auguste de Thou, l'historien, auquel a appartenu le manuscrit de Jacques Gohorry conservé à la Bibliothèque impériale, ainsi que l'atteste la mention suivante, inscrite à la première page de ce manuscrit : *Jac. Aug. Thuani.*

[1] Raoul Boutrays, avocat au Grand Con-

seil, publia, l'an 1611, un poëme latin en vers hexamètres, intitulé *Lutetia;* c'est une imitation amplifiée d'un autre poëme en distiques latins, composé dès 1543 par le Prussien Eustache de Knobelsdorf. Plein de déférence envers l'Édilité parisienne, Raoul Boutrays lui dédia son livre, et les Magistrats municipaux auxquels il le présenta lui envoyèrent divers présents en témoignage de reconnaissance. (Pièces justif. III.)

[2] *La Fleur des antiquitez, singularitez et excellences de la plus que noble et triomphante ville et cité de Paris, etc.* (1532.) — *Les Antiquitez, histoires, chroniques et singularitez de la grande et excellente cité de Paris, etc.* (1577.)

[3] *Le Théâtre des antiquitez de Paris, etc.* (1612.)

« sepin en l'an 1583[1]; » mais, dès 1640, Claude Malingre, historiographe du Roi, crut devoir placer publiquement son livre sous le patronage du Prévôt Oudart le Féron, et des Échevins Claude Galland, Claude Boué, Pierre de la Tour et Jean Chuppin. « Je veux, dit-il, pouvoir faire agréer la course « de mon travail à ceux qui en sont les juges et spectateurs, « comme vous, Messieurs, qui aux dignitez où vous estes es-« levez, non pas tant par les suffrages des Bourgeois de Paris, « que par la grandeur de vos mérites, estes véritablement les « juges légitimes de ce mien ouvrage, sçavoir *les Antiquitez de* « *la Ville de Paris*... et qui en sçavez infiniment plus que moi, « ny que tous ceux qui en pourroient parler[2]. »

Ce témoignage un peu trop flatteur, rendu aux lumières des Officiers municipaux et au zèle qu'ils montraient pour les études historiques, devait avoir pour effet d'engager de plus en plus la Prévôté des Marchands dans la voie qu'elle avait résolu de suivre, et de stimuler l'ardeur des écrivains, désormais assurés d'un honorable et solide patronage. Aussi, à partir de la seconde moitié du XVIIe siècle, les hommes les plus considérables de la Magistrature urbaine, à l'Hôtel de Ville et au Châtelet, tiennent-ils à singulier honneur de se montrer les Mécènes de l'histoire et de la topographie parisiennes. Au premier rang de ces illustres protecteurs se placent le maréchal François de L'Hospital, comte de Rosnay, seigneur du Hallier et de Beine, ministre d'État, gouverneur de Champagne, puis gouverneur de Paris, et le Prévôt des Marchands, Antoine Le

---

[1] *Le Théâtre des antiquitez de Paris*, Avis au lecteur, p. 3 et 5.

[2] *Les Antiquitez de la Ville de Paris*, Épître dédicatoire.

Febvre, qui, le 6 juillet 1652, dut céder son siége au conseiller frondeur Pierre de Broussel, et en reprit possession, par ordre du Roi, le 14 octobre suivant. C'est à ces deux représentants du Gouvernement municipal que Gomboust dédia son plan de Paris[1], l'année même où la Fronde tenait ses assises à l'Hôtel de Ville (1652). Moins troublé dans l'exercice de son pouvoir, le prévôt Henri de Fourcy, chevalier, comte de Chessy, conseiller du Roi et président aux enquêtes du Parlement, reçut de l'historien Le Maire la dédicace du *Paris ancien et nouveau* (1685) : « Ce recueil, dit l'auteur, vous appartient à juste « titre, non-seulement parce que vous remplissez une charge « qui vous rend le chef de cette capitale du royaume, mais « parce que la plupart des grands ouvrages qui en font la ma-« gnificence et qui ont servi de matière à mon travail portent « des marques de votre illustre nom[2]. »

Le Parlement lui-même ne tarda pas à étendre sa sollicitude aux questions d'histoire et d'administration parisiennes dont il était alors si fréquemment saisi, et qu'il appelait si volontiers à sa barre. A l'exemple de ses prédécesseurs, qui s'étaient toujours considérés comme des édiles en dernier ressort, le premier président de Lamoignon, l'une des grandes figures de ce temps, conçut le projet d'une vaste entreprise. « Au mois « d'août 1677, dit le commissaire Le Cler-du-Brillet, M. le « Premier Président passa dans sa bibliothèque avec M. De « Lamare..... et lui dit : J'ai formé deux desseins que je veux

---

[1] Jean Boisseau (1650), Nicolas Bérey (1656), Pierre Bullet (1676), dédièrent également leurs plans de Paris aux Magis-trats municipaux, et cet usage se généralisa depuis. — [2] *Paris ancien et nouveau*, t. I, Épître dédicatoire.

« vous communiquer, parce que j'espère que vous voudrez
« bien m'aider : le premier, de connaître mon Paris comme je
« connais ma maison, et le second, de rassembler dans un
« corps tout ce qui concerne le droit public[1]. » Le résultat de
cet entretien fut la conception du *Traité de la Police,* dont le
Parlement, le Châtelet et l'Hôtel-Dieu assurèrent plus tard la
publication[2], et qui, malgré certaines omissions volontaires[3],
reste, après deux siècles, l'exposé le moins incomplet de l'ancienne Administration parisienne.

Mais bien avant que le laborieux Commissaire fût en mesure d'écrire son premier volume, un avocat, Henri Sauval,
n'obéissant qu'à ses propres inspirations, avait abordé l'histoire de Paris par le côté des monuments et des institutions, et amassé pendant plus de vingt ans les éléments
d'une quantité de monographies distinctes. Malheureusement il ne put, comme il en avait probablement le désir[4],
léguer ses papiers à la Lieutenance civile ou à la Prévôté bourgeoise, qui en eussent tiré si bon parti. La mort
prématurée de cet infatigable chercheur, aux travaux duquel
ses contemporains eux-mêmes rendirent pleine et entière

---

[1] *Traité de la Police*, t. IV; Éloge de
M. De Lamare, p. 2.

[2] Voir Pièces justificatives, VI.

[3] On sait que l'esprit de corps, surexcité
par de longues discussions entre les deux
Prévôtés, nuisit à l'impartialité que De
Lamare s'était promise : l'Hôtel de Ville
fut sacrifié au Châtelet.

[4] M. Paulin Paris, dans une note de
son édition de Tallemant des Réaux, raconte, d'après les Lettres de l'oratorien

Richard Simon (t. III, 1698), que Sauval
demandait à Colbert, en échange d'un
service rendu, «une pension viagère de
« mille écus et une charge honorifique à
« l'Hôtel de Ville. » Ce n'était certainement
point une sinécure que sollicitait le laborieux investigateur; il espérait sans doute
trouver, près des Magistrats municipaux,
aide et protection pour son œuvre. (Pièces
justificatives, IV.)

justice[1], détermina probablement la Ville à faire appel à cet ordre illustre auquel la science doit le *Recueil des historiens des Gaules*, l'*Histoire littéraire de la France* et *L'Art de vérifier les dates*. Dom Michel Félibien eut plusieurs entrevues avec *Messieurs de la Ville* : « Dès 1711, dit Jaillot, M. Bignon avoit « chargé ce savant bénédictin de la congrégation de Saint-Maur « de travailler à l'histoire de la Ville de Paris[2]. » Modeste pour son prédécesseur autant que pour lui-même, Dom Lobineau fait remonter au Prévôt des Marchands tout l'honneur de cette entreprise : « Monsieur Bignon, dit-il, animé d'un louable « zèle pour l'honneur de sa patrie, et de l'exemple de ses pères, « à qui les lettres ont des obligations si essentielles[3], employa « l'autorité que son rang, son mérite et l'amour du public lui « donnoient dans la Ville pour la déterminer à faire choix d'un « historien qui pust transmettre à la postérité la connoissance « générale de tout ce qui s'estoit passé dans cette capitale de « l'Estat, tant par rapport à elle-mesme, que par rapport à la

---

[1] Voici le jugement que deux contemporains portèrent sur les travaux de Sauval : « C'est un garçon de Paris, dit Tallemant « des Réaux (*Histor.* éd. 1856, t. V, p. 239), « qui fait trois volumes in-folio intitulés « *Paris ancien et moderne*, où il remarque « tout ce qu'il y a de beau; ce travail sera « utile. » De son côté, Guy Patin écrivait le 16 novembre 1655 : « Il y a ici un jeune « homme nommé M. Sauval, Parisien, « qui travaille avec beaucoup de soin et de « peine à nous faire une pleine histoire de « la Ville de Paris. » Boileau, et après lui Brossette, l'ont, il est vrai, beaucoup moins bien traité.

[2] *Recherches critiques, historiques et topographiques sur la Ville de Paris*, t. I, Avant-propos, p. xi.

[3] Lobineau a surtout en vue les trois membres de cette famille qui avaient laissé un nom dans les lettres, l'administration et la magistrature : Roland, né en 1559, l'un des plus savants hommes de son siècle; Jérôme, premier du nom, né en 1589, avocat général au Parlement de Paris, bibliothécaire du Roi, auteur de plusieurs ouvrages d'histoire et de diplomatie; Jérôme, deuxième du nom, avocat général, conseiller d'honneur au Parlement et conseiller d'État, mort le 15 janvier 1697.

« monarchie. On lui laissa le choix de l'escrivain, et le succès
« qu'avoit eu l'histoire de l'abbaye de Saint-Denis le détermina
« en faveur de Dom Michel Félibien, alors religieux de la
« mesme abbaye. Il le demanda à ses supériéurs en 1711,
« et, sur les assurances qu'il vouloit bien donner que la Ville
« auroit soin de procurer libéralement tous les secours dont ce
« religieux auroit besoin dans la suite, on l'accorda au désir
« du Prévost des Marchands et des Échevins, et on l'envoya à
« l'abbaye Saint-Germain des Prez[1]. »

Félibien se mit résolûment à l'œuvre, et, « après avoir bien
« considéré la matière qu'il avoit à traiter, il donna, en 1713,
« un projet de l'ouvrage qu'il entreprenoit, et ne négligea rien
« pour s'acquitter envers le public le plustost qu'il lui seroit
« possible. *Le projet fut présenté au feu Roy, de glorieuse mémoire,*
« *et agréé de Sa Majesté;* ce fut un pressant motif à l'auteur de
« se haster de l'exécuter, dans l'espérance que ce grand Roy
« ne refuseroit pas d'approuver l'ouvrage, comme il en avoit
« approuvé le dessein[2]. » Mais Félibien eut beau « se haster, »
la mort le prévint, et le 25 septembre 1719 il décédait à
l'âge de cinquante-trois ans, n'ayant encore fait imprimer que
quatre feuilles de l'*Histoire de Paris*, et deux feuilles des *preuves*
ou pièces justificatives.

Cet événement, qui pouvait tout compromettre, n'inter-
rompit point cependant l'œuvre commencée; les villes et les
corps savants, dont la tradition est l'âme, se fortifient par de
continuelles accessions, et là est en partie le secret de leur

---

[1] *Histoire de la Ville de Paris*, Préface, p. 2. (Voir Pièces justificatives, IV.) — [2] *Ibid.* p. 3.

puissance. Dom Guy-Alexis Lobineau succéda immédiatement à
Félibien. « Ce choix, dit Lobineau lui-même, a esté approuvé
« de monsieur Bignon, toujours affectionné à l'avancement
« d'un ouvrage dont il avoit donné le premier dessein, et par
« monsieur Trudaine, qui lui avoit succédé dans l'inclination
« de favoriser la nouvelle histoire, aussi bien que dans la charge
« de Prévost des Marchands. On auroit espéré, ajoute le sa-
« vant continuateur, la mesme protection de monsieur le mar-
« quis de Chasteauneuf, conseiller d'Estat ordinaire et Prévost
« des Marchands après monsieur Trudaine, si la Ville s'estoit
« trouvée disposée à seconder les intentions généreuses de ce
« magistrat. Il est à présumer que l'estat présent des affaires
« de la Ville a esté la seule cause du relaschement qu'elle a
« marqué de son premier zèle [1]. »

Ce « relaschement, » dont le savant bénédictin semble placer la cause dans la pénurie des finances municipales, ne fut
pas de longue durée. C'est en 1722 que Dom Lobineau ex-
primait le regret d'être moins généreusement assisté, et la
résolution « de travailler à la gloire de la Ville, avec la mesme
« affection que si l'on avoit esté comblé de ses faveurs; » cependant, en cette même année, le contrôleur Le Roy rendait publiquement hommage au zèle dont Trudaine avait fait preuve
pour les intérêts de la Ville et pour son histoire : « Nous com-
« mençâmes, dit-il, à nous apercevoir de la fausseté des opinions
« sur la nature et sur l'antiquité de l'Hôtel de Ville de Paris
« dès la première lecture de quelques anciens titres que nous

[1] *Histoire de la Ville de Paris*, Préface, p. 3.

« eûmes occasion de voir dans les archives de l'Hôtel de Ville.
« Feu M. Trudaine, alors Prévôt des Marchands, en fut frappé
« comme nous, et ce magistrat, dont la mémoire sera toujours
« chère aux bons citoyens, nous engagea d'essayer à éclaircir
« ces points, qu'il regardoit comme importans pour l'histoire
« de la Ville de Paris, à laquelle Dom Félibien travailloit alors.
« Le respect que nous avions pour lui et l'affection dont il
« nous honoroit ne nous laissèrent pas la liberté de nous dé-
« fendre d'un travail si épineux. Il s'offrit obligeamment de
« nous procurer par son crédit la communication de toutes
« les archives dont nous pourrions tirer des lumières; et il
« voulut que celles de la Ville nous fussent ouvertes, et que
« nous pussions tirer des extraits de tous les anciens titres dont
« nous aurions besoin [1]. »

Ainsi trois hommes de science et de bon vouloir avaient été
successivement requis de travailler à l'Histoire de Paris, et ils
avaient abordé cette tâche avec une conscience égale à leur
talent. Le « relaschement » dont se plaint Dom Lobineau ne se
comprend guère en présence de tant d'efforts, et il ne faudrait,
en tout cas, faire peser cette accusation que sur les prévôtés
un peu besoigneuses de Pierre-Antoine de Castagnère (1720-
1725) et de Nicolas Lambert de Thorigny (1726-1729) [2];
mais avec les Prévôts Turgot (1729-1740), Aubery (1740-
1741) et de Bernage (1742-1757), la tradition, un instant
interrompue, est renouée avec éclat : les beaux jours de la
prévôté des Bignon et des Trudaine reparaissent, et un éta-

---

[1] *Dissertation sur l'origine de l'Hôtel de Ville*, p. ij. — [2] Il faut en accuser surtout l'état de gêne qu'avait produit la liquidation désastreuse de la banque de Law.

blissement définitif succède aux missions temporaires que les Magistrats municipaux avaient jusque-là confiées à quelques savants.

« M. Turgot, dit Lebeau, auteur de l'éloge académique « de Bonamy, rendoit sa magistrature immortelle par les ou-« vrages aussi utiles que magnifiques dont il embellissoit la « Ville de Paris; mais cet amateur des lettres se persuadoit que « les monumens littéraires ont encore plus de vie et plus de « force pour résister aux injures des temps que les plus solides « édifices. Plusieurs citoyens avoient déjà composé l'histoire « de cette grande cité; il crut que la capitale du royaume, « distinguée des autres villes par tant d'offices et d'emplois di-« vers, devoit avoir aussi un historiographe en titre, et il en-« gagea le Bureau de la Ville à fonder cette place[1]. »

Il ne faudrait pas voir dans la création des historiographes de la Ville une simple imitation des usages de la cour et de la haute aristocratie. Les rois de France avaient eu leurs chroniqueurs, et, depuis Charles IX, leurs historiographes brevetés; quelques grands seigneurs s'étaient également donné ce luxe; la Prévôté des Marchands, qui ne faisait rien sans motif, obéissait, en cette circonstance, à une nécessité bien démontrée. Sans parler des graves erreurs commises par De Lamare et des omissions que Le Roy relevait dès 1722[2], sans rappe-

---

[1] *Histoire de l'Académie royale des inscriptions*, t. XXXVIII, p. 229-230.

[2] « Que ne pouvoit-on point atten-« dre de la vaste érudition de l'auteur « du *Traité de la Police*, toujours soute-« nue d'un discernement exquis, s'il avoit « voulu se donner la peine de traiter « cette matière (les origines du Gouver-« nement municipal). Mais, la croyant ap-« paremment trop détachée de son sujet, « il ne l'a point assez approfondie; il « l'a même visiblement négligée. » (*Dissertation sur l'origine de l'Hôtel de Ville*, p. ij.)

ler certaines particularités des plus importantes qui avaient
échappé à la sagacité du savant contrôleur de rentes, ainsi
que le remarque Bonamy[1], le grand ouvrage de Félibien,
qui se termine à l'année 1721, appelait naturellement une
continuation, et l'histoire de l'ancien Échevinage, savamment
ébauchée par Le Roy, apparaissait aux Magistrats municipaux
comme un immense *desideratum*. C'est ce que le premier historiographe de la Ville constate dans les termes suivants : « Les
« histoires que nous avons déjà de la Ville de Paris sont en
« grand nombre, et celle du P. Félibien est assez étendue
« pour ne laisser rien à désirer jusqu'aux temps où il l'a finie ;
« il ne s'agit que de la continuer et de tenir registre des
« choses mémorables qui s'y sont passées et qui s'y passent.
« Mais nous n'avons point d'histoire qui regarde en particulier
« l'Hôtel de Ville et qui ait pour objet principal ce qui est
« émané de l'autorité de ces magistrats. C'est pourquoi on a
« cru devoir s'appliquer plus particulièrement à cette dernière,
« et se renfermer dans les faits qui ont un rapport direct au
« Corps municipal et à chacun de ses membres. La manière
« qui a paru la plus naturelle pour écrire cette histoire a été
« de la donner par forme d'annales, en rapportant sous chaque
« prévôté ce qui s'est passé à Paris, comme les Romains ont
« écrit leur histoire par consulats[2]. »

Un tel plan impliquait manifestement la création d'un emploi fixe et une division méthodique du travail à entreprendre ;
c'est ce que comprit et fit comprendre l'un des officiers muni-

---

[1] *Papiers de Bonamy*, portefeuille I ; *Note raisonnée des ouvrages de l'historiographe de la
Ville.* — [2] *Ibid.*

cipaux les plus honorables et les plus éclairés du dernier siècle, Antoine Moriau, procureur du Roi et de la Ville, fondateur et premier bienfaiteur de la bibliothèque de l'Hôtel de Ville[1].

« M. Moriau, dit encore Bonamy, aïant représenté en 1734 « au Bureau qu'il étoit de la grandeur de la Ville de Paris d'a-« voir un historiographe qui eût soin de recueillir tout ce qui « se passoit dans la Capitale du roïaume et de faire passer à la « postérité les faits les plus intéressans, il convenoit de choisir « pour cet effet une personne qui fût en état de concourir aux « vues de la Ville, M. Turgot, Prévost des Marchands, pro-« posa alors le sieur Bonamy, de l'Académie royale des belles-« lettres, et précédemment sous-bibliothécaire de la biblio-« thèque publique de Saint-Victor..... lequel, en cette qualité, « s'obligea de composer deux corps d'histoire, l'une de la Ville « et l'autre de l'Hôtel de Ville[2]. »

Les années 1734 et 1735, où cette importante mesure fut prise et mise à exécution, comptent parmi les plus fécondes au point de vue des études historiques. Le 20 avril 1734, le Corps municipal, considérant « qu'une des parties de ses obli-« gations, qui n'en est pas la moins essentielle, consiste dans la « transmission à la postérité des événemens qui interressent « la Capitale du royaume, et en particulier l'Hôtel de Ville, » délibérait, arrêtait et ordonnait, « d'établir et nommer une « personne pour composer deux corps d'histoire, l'un de la « Ville de Paris, et l'autre de l'Hôtel de ladite Ville, tant du

---

[1] Antoine Moriau était fils de Nicolas-Guillaume Moriau, également Procureur du Roi et de la Ville, en 1701, sous la prévôté de Charles Boucher, et décédé en 1725. Il avait obtenu la survivance de son père le 10 décembre 1722.

[2] *Papiers de Bonamy*, portef. I; *Note raisonnée des ouvrages de l'historiographe de la Ville.*

7

« passé jusqu'à présent que de l'avenir[1]. » Le 8 mars 1735, le
Prévôt et les Échevins, après avoir « pris en considération la
« nécessité de faire choix d'une personne capable pour la levée
« de tous les plans généraux et particuliers nécessaires pour
« le bien public et en particulier pour l'avantage de la Ville, »
arrêtaient et ordonnaient qu'il serait établi un géographe de
la Ville de Paris[2]. Le 23 du même mois, lesdits magistrats,
« sûr ce qui leur avoit été remontré par Antoine Moriau, »
qu'il convenait de faire dresser « un inventaire exact des char-
« tres, titres, minuttes, comptes, plumitifs, registres, plans,
« mémoires et papiers imprimés, étans soit au greffe ou dans
« d'autres endroits de l'Hôtel de Ville », arrêtaient et ordonnaient que ce « répertoire chronologique » serait fait par dix
commis sous la direction « d'une personne chargée de la con-
« duite et de l'examen du travail, de l'ordre et de l'arrange-
« ment nécessaires à observer[3]. »

Depuis la regrettable dispersion des archives de l'Hôtel de

---

[1] Pièces justificatives, VII.

[2] Il s'agit de l'abbé De Lagrive, dont les plans jouissent encore aujourd'hui d'une grande réputation d'exactitude, qui signa de nombreuses quittances de paye-ment de 1735 à 1749, et reçut, le 6 no-vembre 1755, trois cent cinquante-deux livres « pour la gravure, la planche et « quatre cents exemplaires tirés de la fa-« çade de l'Hôtel de Ville. » (Arch. de l'Emp. K 990-991.) Il lui avait été déli-vré, dès le 26 mars de l'année précédente, des « lettres de recréance pour lever les « plans des rivières et ruisseaux affluans à « cette Ville ; » mission dont avait déjà été chargé le géographe Desprez, en 1721. (Arch. de l'Emp. H 1855, fol. 443 v°.) L'abbé De Lagrive avait eu pour prédéces-seurs Jaillot, aïeul du judicieux auteur des *Recherches critiques*, etc. et le généalogiste Jacques Chevillard, qui était en même temps un habile géographe. Il eut pour auxiliaire le graveur Beaumont ; et le der-nier de ses successeurs fut Robert de Hes-seln, censeur royal, qui, le 5 avril 1785, reçut du prévôt Louis Le Peletier et des Échevins une commission d'ingénieur géo-graphe ordinaire de la Ville. (Arch. de l'Emp. K 996.) — Pièces justificatives, V.

[3] Pièces justificatives, VIII et IX.

Ville, consommée dans les premières années de la Révolution, il est difficile de se rendre compte du résultat de ce dernier travail, si sagement conçu et si minutieusement ordonné. Heureusement les recherches historiques proprement dites n'ont pas toutes eu le même sort : les *Papiers* de Bonamy ont été conservés en entier à la Bibliothèque de l'Arsenal, où ils avaient été apportés en 1797 par Ameilhon, l'un de ses successeurs; et les mémoires de l'Académie des Inscriptions contiennent plus de cinquante dissertations signées de lui, parmi lesquelles sept sont relatives à différents points de l'histoire et de la topographie de Paris. Voici la liste de ces travaux :

1° Recherches sur la célébrité de la Ville de Paris, avant les ravages des Normands (deux mémoires, 1739-1740);

2° Sur le cours de la rivière de Bièvre ou des Gobelins (1740);

3° Mémoire sur l'inondation de la Seine à Paris, au mois de décembre 1740, comparée aux autres inondations, avec des remarques sur l'élévation du sol de cette ville (1741);

4° Remarques sur un lieu appelé *Tricines*, dont il est fait mention dans un ouvrage de Raoul de Presles (1744);

5° Sur les différents *Parlouers aux Bourgeois*, ou hôtels de ville de Paris (1747);

6° Description historique et topographique de l'hôtel de Soissons (1750);

7° Mémoire sur les aqueducs de Paris comparés à ceux de l'ancienne Rome (1754).

Ces travaux, quoique se rattachant à l'Histoire de Paris, sont cependant distincts des « deux corps d'histoire » que Bo-

namy s'était engagé à entreprendre, et dont il ne fit très-
probablement que les exposés. Dans sa pensée, c'étaient autant de dissertations préparatoires destinées à faire bien connaître le théâtre sur lequel les événements se sont accomplis,
et à faciliter ainsi la tâche de l'historien. Le judicieux écrivain
revient fréquemment sur cette idée, que la science de la topographie doit précéder celle de l'histoire proprement dite :
on en retrouve l'expression dans la *Note raisonnée* qu'il a donnée de ses ouvrages, dans ses *Réflexions générales sur l'histoire
de la Ville de Paris* et dans son *Projet d'histoire de l'Hôtel de
Ville* [1]; c'est une application partielle du mot bien connu : La
géographie et la chronologie sont les deux yeux de l'histoire.

Pierre Bouquet, neveu du savant bénédictin auquel on doit
le recueil des *Historiens de France*, obtint, par délibération du
Bureau de la Ville en date du 22 juin 1762 [2], la survivance
de Bonamy dans son double emploi d'historiographe et de bibliothécaire. Bonamy avait été, en effet, nommé à ces dernières fonctions par arrêté du 2 septembre 1760 [3], et on lui
avait donné pour auxiliaire Jean-Baptiste Mulattier [4], dont la
survivance fut également, par délibération du 27 juillet 1770,
assurée à Hubert-Pascal Ameilhon, qui la transmit à son frère [5].
Ces diverses nominations étaient motivées par l'acceptation,
en date du 2 septembre 1760, du legs généreusement fait par
M. Moriau, de sa bibliothèque particulière pour en former le
noyau d'une Bibliothèque municipale [6]. Les imprimés et les

---

[1] *Papiers de Bonamy*, portefeuille I.
[2] *Pièces justificatives*, XII.
[3] *Ibid.*
[4] *Ibid.*

[5] Pièces justificatives, XVI et XVIII.
[6] Voir aux Pièces justificatives, XII, XIV,
XVII, XIX et XX, l'historique de la formation de la Bibliothèque de la Ville, les

manuscrits allaient donc se trouver groupés sous la même main, et les études historiques devaient singulièrement gagner à cette heureuse réunion. C'est ce que comprit et voulut le Bureau de la Ville en fixant, par arrêté, les « devoirs » ainsi que les « fonctions » de l'historiographe et du bibliothécaire :

« L'historiographe de la Ville, est-il dit dans le règlement « du 20 juillet 1770, sera tenu de continuer les deux corps « d'histoire qui auront été commencés par ses prédécesseurs, « l'un de la Ville de Paris, l'autre de l'Hôtel de Ville, tant du « passé jusqu'à présent que pour l'avenir, et de nous commu- « niquer tous les projets qu'il aura formés pour arriver à la « suite de la composition des deux corps d'histoire, toutes fois « et quantes il en sera par nous requis. » Quant au bibliothé- caire, il était tenu, par le même règlement, « de continuer « l'inventaire général raisonné et par matières des livres, car- « tons, registres, manuscrits, pièces fugitives, médailles, je- « tons, collections et autres, au fur et à mesure des nouveautés « qui pourroient entrer dans la Bibliothèque de la Ville[1]. » Cette sage ordonnance porte la signature de Jérôme Bignon, Prévôt des Marchands, nom cher à la science, puisque, à soixante ans de distance, on le retrouve associé aux mesures les plus heureusement combinées pour stimuler et féconder les études historiques[2].

legs que lui firent successivement le pro- cureur Moriau, l'avocat Tauxier, l'évêque de Callinique, etc. et l'exposé des diverses mesures prises par le Bureau pour orga- niser parallèlement les deux services.

[1] Pièces justificatives, XV.

[2] Armand-Jérôme Bignon, Prévôt des Marchands de 1764 à 1771, était neveu de Jérôme Bignon, qui exerça les mêmes fonctions de 1708 à 1715, et du célèbre abbé Jean-Paul Bignon, à qui Germain Brice dédia sa Description de la Ville de Paris, édition de 1713; la famille n'avait pas dégénéré.

Une sollicitude si généreuse devait enfin porter ses fruits : les recherches topographiques, dont Bonamy avait judicieusement fait comprendre la nécessité, se poursuivaient sans relâche; les dissertations, les mémoires, les simples notes se multipliaient, et de nombreux portefeuilles avaient dû s'ajouter aux douze que Bonamy déclarait « pleins » quelques années après sa prise de possession [1]. Toutefois on ne peut former sur ce point que des conjectures, puisque les papiers de Bouquet, de Mulattier et d'Ameilhon ont été dispersés ou anéantis pendant la Révolution. Moins heureux que leur devancier, à qui sa qualité de membre de l'Académie des Inscriptions assurait une publicité gratuite, Bouquet et Mulattier ont dû garder leurs travaux en manuscrit, et l'on ne connaît qu'un mémoire de Bouquet, imprimé en 1772 sous ce titre : *Mémoire historique sur la topographie de Paris.* C'est une longue réponse aux assertions d'Antoine Terrasson touchant l'emplacement de l'ancien hôtel de Soissons (question déjà soulevée par Bonamy), ainsi qu'une réfutation de la dissertation du même jurisconsulte sur l'enceinte de Philippe-Auguste [2].

Le différend relatif à l'hôtel de Soissons et à la mouvance des terrains de cet hôtel ne concernait originairement que l'Archevêque de Paris et les officiers royaux. La Ville fut mise en cause parce qu'elle avait acquis lesdits terrains, par l'ordre du Roi, afin d'y établir la halle au blé, et elle se défendit, comme il lui convenait de le faire, avec un grand luxe d'érudition. Après avoir produit un premier mémoire signé De Bonnaire, rappor-

---

[1] *Papiers de Bonamy,* portefeuille I.

[2] Le mémoire de Terrasson avait pour titre : *Histoire de l'emplacement de l'ancien hôtel de Soissons;* Paris, 1772.

teur, et De Vannes, procureur du Roi et de la Ville, la Prévôté des Marchands pensa qu'en pareille matière son historiographe était le meilleur de tous les avocats, et elle chargea
Pierre Bouquet de continuer, pour la défendre, la monographie de l'hôtel de Soissons commencée en 1750, par Bonamy.
Le modeste bibliothécaire ne craignit pas de se mesurer avec
« les historiens et les jurisconsultes fort savants et fort éclairés »
qui soutenaient les prétentions de l'Archevêque; mais, ajoute-
t-il, « plus leur suffrage est propre à en imposer, plus nous
« sommes obligés d'entrer dans le détail des preuves posi-
« tives..... notre qualité et notre attachement à la Ville nous
« en font un nouveau devoir[1]. » Terrasson répliqua avec plus
d'aigreur que de véritable savoir[2]; Bouquet, de son côté, ne
voulut pas se tenir pour battu[3], et ce tournoi archéologique
eut pour résultat d'appeler l'attention publique sur la topographie de l'ancien Paris, que Bonamy considérait à juste titre
comme une préparation indispensable à tout écrivain qui veut
aborder l'histoire de la Capitale.

Quant à Ameilhon, académicien comme Bonamy, la diver-
sité de ses goûts et certaines préoccupations politiques, qui
se traduisirent plus tard par une grande exaltation révolutionnaire, paraissent l'avoir détourné des paisibles devoirs de
sa profession. Le recueil de l'Académie des inscriptions ne

---

[1] *Mémoire historique et critique sur la topographie de Paris*, p. 97.

[2] *Réfutation d'un Mémoire prétendu historique et critique dans lequel le bibliothé-caire et historiographe de la Ville de Paris a attaqué l'histoire de l'emplacement de l'hôtel de Soissons;* Paris, 1772. — *Addition à la réfutation du Mémoire prétendu historique, etc.* Paris, 1773.

[3] *Réplique à la prétendue réfutation du Mémoire historique et critique sur la topographie de Paris;* Paris, 1772.

contient de lui que des mémoires sur des sujets fort disparates et sans aucun rapport avec l'Histoire de Paris. Ses travaux sur les « deux corps d'histoire, » si tant est qu'il les ait conservés jusqu'en 1792, n'ont pas dû trouver grâce devant les théories d'anéantissement qu'il osa, dit-on, professer et appliquer lui-même, à l'égard de ce qui rappelait l'ancien régime[1].

La grande création de 1734 n'a donc point, il faut bien le reconnaître, produit les fruits qu'elle contenait en germe. Soit que les séances de l'Académie des inscriptions aient distrait les historiographes de la Ville de leurs études spéciales, soit que le bruit des controverses du dehors les ait troublés jusque dans leur solitude, soit que les derniers Prévôts des Marchands, plus soucieux du présent que du passé, aient concentré toute leur activité sur les grands travaux d'édilité qui ont marqué la fin du dernier siècle[2], oubliant ainsi « une partie « de leurs obligations qui n'en est pas la moins essentielle; » soit enfin que les matériaux amassés par les trois historiographes, et déposés dans les bâtiments de l'ancien collége des Jésuites[3], aient eu plus tard à souffrir de cette hospitalité compromettante, toujours est-il que la postérité n'a recueilli, jusqu'ici, aucun des résultats qu'on lui promettait en 1734.

Ce n'est pas, toutefois, que le goût des études historiques ait disparu avec les emplois que la sollicitude municipale avait

[1] Voir Pièces justificatives, XX.

[2] Le percement des quartiers de la Ville-l'Évêque, des Porcherons, de la Nouvelle-France, etc.

[3] La Bibliothèque de la Ville, dont la garde était confiée aux historiographes, avait été transférée de l'hôtel de Lamoi-gnon, rue Pavée au Marais, où demeurait Moriau, dans le « vaisseau » des chanoines réguliers de Saint Louis de la Culture, Génovéfains réformés de Sainte-Catherine du Val-des-Écoliers, et successeurs des Jésuites de la rue Saint-Antoine.

créés pour quelques hommes de lettres. Au moment même où
la Révolution envahissait bruyamment l'Hôtel de Ville, et en
chassait les « cinq ou six particuliers commis pour figurer une
« municipalité sans titre et sans pouvoir[1], » qui avaient jusque-
là continué à doter les historiographes de Paris, le successeur du Clerc du Parloir aux Bourgeois, ou, pour parler
le langage de l'époque, le Secrétaire de la Commune, rédacteur des procès-verbaux de ces tumultueuses assemblées,
écrivait à la première page de son registre les lignes suivantes :
« J'avois dessein de placer ici les réflexions qui se sont pré-
« sentées en foule à mon esprit pendant la rédaction des faits
« dont j'ai été moi-même le témoin, et qui m'étoient interdites
« par l'obligation imposée à tout secrétaire d'une assemblée,
« à tout rédacteur d'un procès-verbal. J'ai pensé depuis qu'on
« attendoit de moi, dans cette circonstance, non pas une dis-
« sertation politique, mais un *monument historique*[2]. »

Il y a loin cependant des rédactions enthousiastes de l'avocat Duveyrier à ces « deux corps d'histoire » que l'ancienne
Municipalité avait en vue, et qu'elle faisait composer avec
cette simplicité sérieuse et digne dont les plus grandes choses
s'accommodent si bien. Il arrivait d'ailleurs à la Commune de
Paris ce qui était arrivé à l'antique Prévôté des Marchands,
chaque fois qu'elle avait été mêlée à nos discordes civiles : la
politique y absorbait l'histoire, et le bruit des événements du

---

[1] *Procès-verbal des séances et délibérations
de l'assemblée générale des électeurs de Paris,
rédigé depuis le 26 avril jusqu'au 21 mai
1789, par M. Bailly, et depuis le 22 mai jusqu'au 30 juillet par Honoré-Marie-Nicolas*

Duveyrier. T. I; Discours préliminaire,
p. vii.

[2] *Procès-verbal des séances et délibérations de l'assemblée générale des électeurs de
Paris, etc.* p. 1.

jour y étouffait cette voix du passé qu'on n'entend bien que dans le silence et le recueillement. L'époque révolutionnaire fut pour l'histoire de Paris ce qu'avaient été l'époque des Maillotins et des Cabochiens, la Ligue et la Fronde, un regrettable temps d'arrêt dans la voie traditionnelle où le Pouvoir municipal s'était toujours efforcé de marcher.

La réorganisation politique et administrative de l'an VIII imposait au premier Préfet de la Seine des obligations trop nombreuses et trop pressantes, pour qu'il pût être question de reprendre alors les études historiques interrompues. Les longues guerres du premier Empire éloignèrent encore de cet ordre d'idées; les yeux, les esprits, la vie publique tout entière était concentrée sur les champs de bataille, et les mains qui auraient pu tenir la plume ne pouvaient alors manier que l'épée. Il faut descendre jusqu'à l'année 1821 pour retrouver la trace des études historiques, oubliées depuis trente ans. M. le comte de Chabrol, dont l'administration a laissé à la Ville de si honorables souvenirs, revint à l'histoire par le côté le plus accessible et le moins politique : il prescrivit des recherches sur les fêtes et cérémonies dont l'Hôtel de Ville avait été le théâtre, et un certain nombre de cartons, déposés aux archives de la Préfecture de la Seine, contiennent le produit de ce travail, dont les éléments ont été empruntés tant aux Registres du Bureau de la Ville qu'aux pièces officielles mises à la disposition des rédacteurs[1].

[1] Les travaux étaient dirigés par M. Walckenaer, alors secrétaire général de la Préfecture, qui fut depuis membre et secrétaire perpétuel de l'Académie des inscriptions. On connaît ses études sur Horace, Lafontaine, Mme de Sévigné, et sur divers autres sujets d'érudition et de critique littéraire. — (Voir Pièces justificatives, XX.)

Tandis que cette besogne s'accomplissait (1821-1830), l'Administration municipale préparait de son côté, dans des mémoires spéciaux soigneusement étudiés, de précieux matériaux pour l'avenir [1]. Mais, en attendant, l'histoire générale de Paris demeurait abandonnée à toutes sortes de compilateurs, qui s'obstinaient à ne point recourir aux sources et multipliaient ainsi les volumes sans aucun profit pour la science. Un de leurs torts était de vouloir fondre dans une composition unique ces « deux corps d'histoire » que l'ancienne Édilité avait si nettement distingués, et que les historiographes avaient reçu l'ordre formel de traiter à part. Il résultait de ce mélange des faits généraux et particuliers la plus inextricable confusion, et les gens d'étude, aussi bien que les hommes d'administration, souhaitaient vivement que l'Hôtel de Ville eût son histoire séparée, comme l'avaient entendu les Bignon, les Trudaine et les Turgot. L'agrandissement du vieux Palais municipal, entrepris sous l'administration de M. le comte de Rambuteau, fournit enfin l'occasion de réaliser ce projet tant de fois ajourné. En même temps que les architectes Godde et Lesueur complétaient l'œuvre de Dominique de Cortone (1838-1843), un écrivain laborieux, M. Le Roux de Lincy, recevait la mission de faire des recherches historiques sur le monument, et de présenter en raccourci le tableau de la juridiction qui y avait si longtemps siégé. Le programme que l'auteur se traça, avec l'agrément de l'Autorité munici-

---

[1] Il s'agit ici des exposés et des rapports sur les grands travaux et autres affaires importantes de la Ville. L'usage d'imprimer ces documents, introduit par le comte Fro-chot, continué par M. de Chabrol et par ses successeurs, a produit de nombreuses publications administratives, parmi lesquelles plusieurs sont de véritables ouvrages.

pale, fut très-convenablement rempli, et le livre qui en est résulté, quoique incomplet à certains égards, demeure, avec la dissertation de Le Roy, le travail le plus estimable qui ait été fait jusqu'ici sur cette matière.

La combinaison réalisée sous le patronage de la Ville par MM. Le Roux de Lincy et Calliat était des plus fécondes : joindre un texte écrit aux plans d'agrandissement ou de restauration d'un édifice, c'est, en effet, préparer, par voie de monographies, la véritable histoire des monuments et des institutions de Paris; c'est suivre, en l'élargissant, la route que les premiers historiens de Paris avaient entrevue, et que les historiographes du siècle dernier ont si nettement indiquée. L'Administration municipale, toujours soucieuse des intérêts de l'art et de l'histoire, pressentit tout ce qu'il y avait en germe dans cette idée et se hâta d'en faire une seconde application : l'Atlas du Palais de Justice fut entrepris, en 1856, sur la proposition de M. le baron Haussmann, et avec le concours empressé du Conseil municipal. Cette importante publication comprend un portefeuille de plans et un volume de texte, uniquement composé de documents administratifs. La première moitié du travail est donc accomplie; la seconde, qui présente des difficultés exceptionnelles, n'a pu encore être abordée. Il ne suffit pas, en effet, pour réaliser une pareille œuvre, de réunir dans un harmonieux ensemble les qualités diverses qui constituent l'archéologue, l'historien, le jurisconsulte; il faut, en outre, dépouiller l'immense collection des Registres du Parlement, suppléer aux lacunes qu'elle renferme et reconstituer scientifiquement les nombreux documents anéantis par les incendies de 1618 et de 1776. Lorsque cette tâche multiple aura été remplie par un ou plusieurs écrivains spéciaux, le vieux Palais de la Cité, séjour de tant de rois, siége de la première Cour de justice du royaume, aura, comme l'Hôtel de Ville, son recueil de plans et sa monographie.

Telle a été la succession des travaux historiques accomplis ou tentés par l'Édilité parisienne, depuis l'époque où les faits commencent à se révéler avec quelque certitude, jusqu'aux années les plus rapprochées de nous. Un tel sujet eût pu recevoir des développements considérables; mais le tableau qu'on vient de présenter suffit pour que le lecteur suive de siècle en siècle l'idée traditionnelle que les Magistrats municipaux se sont fidèlement transmise. Si rapide qu'elle puisse paraître, cette étude n'en est pas moins féconde en révélations de toute nature : les actes de sage prévoyance qu'elle remet en lumière, les sentiments élevés dont elle a permis de recueillir l'expression, sont à la fois un enseignement salutaire et une puissante excitation. En s'inspirant de cette idée persistante, qui a déterminé de si généreux efforts et soutenu tant d'obscurs dévouements, on pourrait certainement faire revivre avec éclat l'antique tradition des Clercs du Parloir, continuée par les historiens et les historiographes de la Ville, et ce résultat serait de nature à mériter le plus favorable accueil. Mais, forte de l'expérience du passé et des conquêtes de la critique moderne, la Ville de Paris peut et doit faire davantage. Puisqu'il demeure constaté que les études historiques entreprises par la

Lieutenance civile ou la Prévôté des Marchands allaient s'affai-
blissant d'année en année, et survivaient bien peu aux hommes
d'initiative qui les avaient prescrites, il faut bien reconnaître
la nécessité de fonder sur des bases plus durables l'édifice que
la Ville a résolu d'élever. Ce n'est donc point une œuvre pas-
sagère que le Chef de l'Édilité parisienne veut accomplir
aujourd'hui : c'est un monument définitif dont il pose la première pierre et dont il léguera la continuation à ses successeurs. L'*Histoire générale de Paris,* ainsi recommandée, aura
pour protecteurs naturels non-seulement les représentants
futurs du Pouvoir municipal, intéressés par honneur et par
devoir à l'achèvement de cette grande entreprise, mais encore les amis des études sérieuses, qui ne meurent pas en
France, et qui ne lui refuseront pas dans l'avenir le tribut de
leurs sympathies et le concours de leurs lumières.

L. M. TISSERAND.

PRÉCÉDENTS HISTORIQUES.

II. — PIÈCES JUSTIFICATIVES.

SOMMAIRE.

X. — Don fait à la Ville d'un corps complet de numéros de la *Gazette de France*, depuis son établissement jusqu'en 1735, par Mᵉ Eusèbe-Jacques Chaspoux, chevalier, seigneur de Verneuil (5 avril 1735).

XI. — Travaux historiques et topographiques accomplis sous la prévôté de Turgot (1729-1740).

XII. — Délibération pour l'établissement d'une bibliothèque, en conséquence du legs fait par M. Moriau, Procureur et avocat du Roy et de la Ville, honoraire (2 septembre 1760).

XIII. — Commission de Sous-Bibliothécaire de la Ville à Jean-Baptiste Mulattier (11 septembre 1760). — Commission de Sous-Bibliothécaire de la Ville, en survivance du sieur Mulattier, à Hubert-Pascal Ameilhon (11 juin 1761). — Survivance et commission d'Historiographe et Bibliothécaire de la Ville, à Pierre Bouquet (22 juin 1762).

XIV. — Délibération du Bureau de la Ville relative à l'état des livres formant le premier noyau de la Bibliothèque (24 mars 1763). — Acquisition de la bibliothèque du sieur Bonamy, pour joindre à celle de la Ville, moyennant 600 livres de pension viagère (18 août 1763). — Délibération du Bureau de la Ville pour l'acceptation de la bibliothèque de feu M. Tauxier, par lui léguée à la Ville (15 septembre 1768.)

XV. — Devoirs de l'Historiographe et du Bibliothécaire de la Ville (20 juillet 1770).

XVI. — Survivance des commissions d'Historiographe et Bibliothécaire de la Ville à M. Hubert-Pascal Ameilhon (27 juillet 1770).

XVII. — Accord avec MM. du Prieuré de Saint-Louis de la Culture, pour la jouissance du vaisseau de leur bibliothèque, rue Saint-Antoine, afin d'y placer la Bibliothèque de la Ville, et arrangement au sujet des places de Bibliothécaire et Sous-Bibliothécaire (23 septembre 1772).

XVIII. — Confirmation de M. l'abbé Ameilhon dans la place d'Historiographe et de Bibliothécaire de la Ville, et commission de Sous-Bibliothécaire au sieur Jacques Ameilhon, son frère (8 mai 1781).

XIX. — Délibération du Bureau de la Ville portant qu'il sera présenté une bourse de cent jetons à M. l'évêque de Callinique, bienfaiteur de la Bibliothèque de la Ville de Paris (février et mars 1787). — Remercîments de l'évêque de Callinique. — Approbation du baron de Breteuil.

XX. — La Bibliothèque de la Ville devenue Bibliothèque de la Commune de Paris. — Derniers actes d'Ameilhon. — Attribution de l'ancienne Bibliothèque à l'Institut. — Formation d'une nouvelle Bibliothèque municipale et réorganisation des travaux historiques (1793-1821).

PIÈCES JUSTIFICATIVES.

I.

EXTRAIT DU TESTAMENT DE FEU Mᵉ PIERRE DE LA RAMÉE, LECTEUR
DU ROY, APPORTÉ A LA VILLE LE DERNIER OCTOBRE 1572.

(Arch. de l'Emp. H 1787, fol. 28.)

A tous ceux qui ces présentes lettres verront, Anthoine Du Prat, chevalier de l'ordre du Roy, seigneur de Nanthoilhet, près Rozay... conseiller de Sa Majesté, son chambellan ordinaire et garde de la Prévosté de Paris, salut. Sçavoir faisons, que l'an de grace mil cinq cens soixante huict, le dimanche premier jour du mois d'aoust, par noble et scientifique personne Mᵉ Pierre de la Ramée, lecteur ordinaire du Roy nostre Sire en l'université de Paris, fut baillé es mains de Jacques Chappelain, et Philippe Ladmyral, notaires du Roy nostre dit Seigneur ou Chastellet de Paris, une feuille de papier dedans laquelle il disoit avoir faict, escript et signé de sa propre main, en langue latine, son testament et ordonnance de derniere voluncté qu'il voulloit, veult et entend sortir son plain et entier effect, force et vertu, soit par maniere de testament, codicille et aultrement, en la meilleure forme et maniere que faire se peult et doibt, et tout ainsy que contenu et déclaré est en icelle feuille de papier, de laquelle la teneur ensuict et est telle :

In nomine Dei Patris, Filii, Spiritus Sancti. Ego Petrus Ramus, regius professor in Acadé-

Au nom du Père, du Fils et du Saint-Esprit. Moi, Pierre Ramus, professeur royal en l'Université de

9

mia Parisiensi, animo quidem corporeque valens, de vita autem cogitans, cum per se debili, tum incertis susceptæ ad invisendum nobiles externarum gentium academias peregrinationis casibus objecta, testamentum ita condo statuoque. Animum Deo a quo factus est in cœlestem beatorum familiam cooptandum commendo, corpus terræ unde ortum est in judicii diem committo. E vectigali meo septingentarum libellarum in Parisiensi Basilica annuarum lego quingentas in stipendium professoris, qui triennio Arithmeticam, Musicam, Geometriam, Opticam, Mechanicam, Astrologiam, Geographiam, non ad hominum opinionem, sed ad logicam veritatem, in regia cathedra doceat.

Primum Fredericum Reisnerum in tres primos annos professorem eligo, nomino, creoque, ut inchoata communibus vigiliis opera, optica præsertim et astrologica perficiat. Quo tempore, si ad methodum Proemio mathematico propositam perfecta aut

Paris, sain de corps et d'esprit, mais songeant à la fragilité inhérente à notre existence et aux accidents auxquels m'exposent les voyages que j'entreprends pour visiter les illustres académies des pays étrangers, je fais et arrête ainsi mon testament. Je recommande mon âme à Dieu, son créateur, et le prie de la faire entrer dans la famille céleste des bienheureux. J'abandonne jusqu'au jour du Jugement mon corps à la terre, d'où il est sorti. Des sept cents livres de rentes que je possède sur l'Hôtel de Ville, j'en lègue cinq cents pour entretenir au Collége Royal un professeur de mathématiques, qui, dans un cours de trois années, enseignera l'Arithmétique, la Musique, la Géométrie, l'Optique, la Mécanique, l'Astronomie, la Géographie, non selon les opinions reçues, mais selon la vérité reconnue par la raison.

Je nomme et établis comme professeur, pour les trois premières années, Frédéric Reisner, afin qu'il achève les travaux que nous avons commencés ensemble, spécialement en optique et en astronomie. Si, dans ce temps, il s'est acquitté avec zèle de la tâche que je lui

effecta studiose seduloque cura-
verit, triennium alterum prorogo.
Exacto triennio, si quid secus,
aut sexennio, si ex optato voto-
que faxit, novam professionem a
professoribus regiis sic institui
volo :

Professionis examen, etiam
ipsa professione perfuncto, et cæteris omnibus cujuscunque natio-
nis mathematum studiosis a Col-
legii Decano in tertium mensem
promulgator; intereaque præle-
gendi et ingenii explicandi, de-
monstrandique facultas candida-
tis esto. Ad examen nemo nisi
latinis græcisque litteris, et inge-
nuis artibus præter mathemata
reliquis, admittitor. Trimestri
promulgationis præterito, candi-
dati, præsentibus, aut certe roga-
tis atque invitatis Senatus Præside
Primo, primo Oratore Regio, tum
Mercatorum Præfecto, deinde
professoribus regiis, omnibusque
omnino quibus interesse libue-
rit, publicum examen subeunto,
prælegendo septem diebus horam

confie, en suivant la méthode exposée dans le *Proëme des mathématiques*, je lui continue son titre pendant trois autres années. Au bout
de ce temps, ou même après les
trois premières années, s'il ne s'est
point conformé à mon vœu, j'en-
tends que les professeurs royaux
procèdent à un nouveau choix de
la manière suivante :

Le Doyen du Collége Royal an-
noncera, trois mois à l'avance, un
concours où seront appelés, avec
le professeur en fonction, tous les
autres mathématiciens, de quelque
pays qu'ils soient. Pendant ce
temps, les candidats pourront faire
des leçons et donner ainsi des
preuves de leur savoir. Nul ne sera
admis à concourir s'il ne possède
à la fois les lettres grecques et
latines et tous les arts libéraux,
outre les mathématiques. Trois mois
après la publication du concours,
les candidats subiront un examen
public, auquel seront priés d'as-
sister le premier Président du Parlement, le premier Avocat Général,
le Prévôt des Marchands, les Professeurs royaux et tous ceux qui
en manifesteront le désir. Pendant
sept jours consécutifs, ils parleront
une heure sur les principaux points

unam de præcipuis singulorum mathematum capitibus ; octavo die, respondendo et satisfaciendo problematis et theorematis omnibus, quæ antea a quolibet proposita fuerint. Ex omnibus examinatis, qui judicio professorum regiorum omniumque matheseos peritorum aptissimus ad mathematicam professionem videbitur, in triennium proximum deligitor : primaque prælectione mathematum, laudibus juventutem ad capessendum laudatæ scientiæ studium exhortator : deinceps triennio quoque novum examen consimile esto : ut tamen professor, qui ante fuerit, cæteris vel paribus anteponatur. Si quo tempore unicus omnium matheseos partium peritus inveniri non possit, propositum stipendium duobus dividitor, qui sesquianno descriptam professionem æquis partibus exequantur.

Præfectum Mercatorum et Ædiles in quorum custodia Basilica Urbis posita est, oro ut in perpetuam Parisiensis Academiæ

de chacune des sciences mathématiques ; un huitième jour sera employé à répondre aux objections, à résoudre les problèmes et à démontrer les théorèmes proposés par tout venant. Celui des concurrents qui, au sortir de ces épreuves, aura été désigné par les Professeurs royaux comme le plus versé dans les mathématiques et le plus capable de les enseigner, sera, en conséquence, pourvu de la chaire pour les trois années suivantes ; et dans sa première leçon, consacrée à l'éloge des mathématiques, il exhortera la jeunesse à en cultiver l'étude. Tous les trois ans, un semblable concours aura lieu, de telle sorte pourtant qu'à égalité de mérite, le professeur qui vient d'exercer soit préféré aux autres candidats. Si, à une époque donnée, il ne se trouvait pas un homme connaissant toutes les parties des mathématiques, on partagerait le traitement, ainsi que les devoirs de la place, entre deux professeurs, qui enseigneraient chacun pendant dix-huit mois.

Je supplie le Prévôt des Marchands et les Échevins qui ont la garde de l'Hôtel de Ville, de faire en sorte qu'en faveur de l'Université

gratiam vectigal illud perpetuum esse velint; ut, si forte redimatur, pecunia in alium reditum collocetur.....

de Paris cette rente soit perpétuelle, c'est-à-dire que, si le capital vient à être remboursé, on le place pour produire le même revenu...

Scriptum mea manu signatumque Lutetiæ Parisiorum, anno salutis M D LXVIII Calend. August.

Écrit de ma main et signé à Paris, le 1er août de l'an de salut 1568.

En tesmoing de ce, nous, à la relation desdits notaires, avons faict mettre le scel d'icelle Prévosté de Paris à ces dites présentes, qui furent faictes et passées les an et jour dessus premiers dictz.

Ainsy signé : CHAPPELAIN et LADMYRAL.

Ce présent testament de maistre Pierre de La Ramée, aultrement Ramus, a esté apporté au Bureau de la Ville ce dict dernier jour d'octobre 1572, par lequel testament le dict de La Ramée faict et eslit exécuteurs d'icelluy messieurs les Premier Président de la Court de Parlement et Premier Advocat du Roy en ladicte Court et le dict sr Prévost des Marchans, comme il est porté par icelluy présent testament.

ET ARREST DU PARLEMENT.

(Registres du Parlement.)

17 mars 1573.

Par la requeste présentée à la Cour par les Prévost des Marchans et Eschevins de la Ville de Paris, par laquelle ils auroient remontré que Me Pierre de la Ramée par son testament auroit légué

500ᴵᴵ tournois qu'il avoit sur ladite Ville au lecteur de mathématiques qui seroit élu par lesdits supplians, le Premier Président de ladite Cour et le Premier Avocat, et que c'estoit chose superflue attendu la multitude des lecteurs de mathématiques stipendiés par le Roy et par les colléges, et qu'il seroit plus expédient employer ladite rente aux gages d'une personne capable qui seroit élue par les dessus dits et le Procureur général du Roy, pour continuer l'Histoire de France de Paul Émile, depuis le commencement de Charles VIII jusques au Roy à présent régnant; à cette cause requerroient que ladite rente fust donnée à celuy qui seroit élu et choisi pour ce fait. Vu ladite requeste, les conclusions dudit Procureur général du Roy et ouïs lesdits Premier Président, Avocat du Roy second en l'absence du premier, et lesdits supplians, et tout considéré, ladite Cour a ordonné et ordonne que, par manière de provision et jusques à ce que lesdits supplians, ledit Premier Président et Premier Avocat du Roy ayent avisé de choisir un lecteur suffisant et capable pour lire les mathématiques publiquement, suivant le testament dudit de la Ramée, s'il est trouvé expédient pour le bien public, ladite rente de 500ᴵᴵ tournois et arrérages d'icelle échus jusques à huy sera baillée et délivrée à *Maistre Jaques Gohori, Avocat en ladite Cour,* pour continuer en langue latine l'Histoire de France de Paul Émile, depuis le commencement de Charles VIII jusques au Roy à présent régnant, et à cette fin prendre pancartes authentiques, bons mémoires et instructions, recueils et autres papiers nécessaires pour composer au vray ladite histoire; et en payant par le Receveur de ladite Ville audit Gohory ladite rente de 500ᴵᴵ tournois et arrérages d'icelle, en sera et demeurera déchargé, et l'en décharge ladite Cour envers et contre tous.

L'abbé Goujet (*Mémoire historique et littéraire sur le Collége Royal,* 1ʳᵉ partie), qui a réimprimé le testament de Ramus, après Loisel (1576), Richer (1584), Bessin (1625) et Libert (1634), croit que Gohory fut le seul historien auquel le legs de Ramus ait été appliqué; il cite, en effet, comme ayant occupé la chaire de mathématiques fondée par l'illustre philosophe, Maurice Bressieu, Jacques Martin, Gilles Personne de Roberval, etc. dont la succession régulière exclut toute interposition d'historiographe. Bréquigny, qui a consacré deux articles au travail de Gohorry (*Notices et Extraits do Manuscrits de la Bibliothèque nationale*, t. VII, 2ᵉ partie, p. 16-39), raconte les choses d'une tout autre façon : selon lui, les dernières volontés de Ramus n'auraient été exécutées qu'en 1611, c'est-à-dire trente-neuf ans après la mort du testateur, et, pendant ce temps, la rente sur l'Hôtel de Ville serait restée sans emploi.

Il y a là évidemment une erreur matérielle, que la seule lecture du *Mémoire* de Goujet aurait dû prévenir. Le nouvel historien de Ramus, M. Charles Waddington, ne s'est pas arrêté un instant aux assertions de Bréquigny : il établit au contraire qu'il intervint, à la date du 9 avril 1576, un arrêt du Parlement qui rendit à leur destination les fonds légués par l'illustre professeur du Collége Royal. Voici le récit de M. Waddington (*Ramus, ses écrits et ses opinions*, p. 334-337) :

«La fondation de Ramus ne devait pas être agréable à ceux des professeurs royaux «qui se dispensaient d'enseigner les mathématiques, suivant le devoir de leur charge. «Ce fut sans doute à leur instigation que le Prévôt des Marchands et les Échevins de «la Ville de Paris présentèrent, le 17 mars 1573, une requête au Parlement où ils «remontraient que la nouvelle chaire «estoit chose superflue, vu la *multitude* des lec- «teurs en mathématique stipendiez par le Roy et les colléges, et qu'il seroit plus expé- «dient d'employer ladite rente aux gages d'une personne capable, qui seroit élue par «les dessusdits et par le Procureur Général du Roy, pour continuer l'histoire de France «de Paul OEmile, etc. [1]» Le Parlement, adoptant cette manière de voir («par provi- «sion,» il est vrai), adjugea la rente et les arrérages à un avocat nommé *Jacques* «*Gohory*. Celui-ci écrivit en effet les règnes de Charles VIII et de Louis XII, et Gail- «lard, après le P. Niceron, mentionne son manuscrit comme étant déposé à la Biblio- «thèque royale.

«Ce singulier arrangement dura tant que Jacques Charpentier fut au Collége de «France. Mais après sa mort, qui arriva en février 1574, un médecin, ancien élève de «Ramus, Henri de Monantheuil, s'adressa publiquement au cardinal de Lorraine dans «un discours très-énergique, où il réclamait l'exécution du testament violé, et deman- «dait qu'on donnât des successeurs à Forcadel et à Charpentier [2]. Il s'appuyait sur un «fait trop patent pour être nié : c'est que les mathématiques n'étaient plus enseignées «nulle part. Cependant on ne tint pas compte de ses représentations, et on le laissa «pendant deux ans consacrer une heure par jour à l'enseignement libre et gratuit des «mathématiques.

«En 1576, les exécuteurs du testament de Ramus, Antoine Loisel et Nicolas Ber- «geron, ayant trouvé le moment favorable, adressèrent au Parlement de Paris une re- «quête, à l'effet de rendre à leur véritable destination les fonds légués à l'Université. Un «arrêt du 9 avril fit droit à cette requête, et Frédéric Reisner fut mis en possession;

[1] *Extrait des registres du Parlement dans l'Histoire de la Ville de Paris* de Félibien, t. III; Preuves, p. 835.
[2] *Oratio pro math. artibus*. Paris, 1574 (15 cal. apr.), in-4° de 23 feuillets.

« mais il paraît que son ancien maître n'avait pas eu tout à fait tort de se défier de son
« zèle, car, trois mois après, il n'était pas encore monté dans sa chaire, quoiqu'il en eût
« reçu les gages et qu'il eût été mis en demeure d'exercer sa profession. C'est pourquoi,
« le 12 juillet, sur son refus de remplir la charge qui lui était confiée, un autre arrêt
« intervint pour déclarer vacante la *chaire de Ramus* (c'est le nom qu'on lui donna pen-
« dant deux siècles), et pour autoriser les exécuteurs testamentaires à la mettre au con-
« cours *et à faire engraver la fondation de ladite profession par affiches mises ès colléges*
« *de Prelle et Cambray, à ce que la mémoire en soit perpétuelle* [1] . . . . . » Le concours,
annoncé le 15 juillet, eut lieu trois mois après. « Monantheuil n'y figura point, parce
« qu'il venait d'être nommé lecteur du Roi en mathématiques. Deux candidats seule-
« ment se présentèrent : Jean Stadius, ancien ami de Ramus, et Maurice Bressieu, de
« Grenoble, qui était patronné par le Premier Président Christophe de Thou. Bressieu,
« l'ayant emporté dans l'épreuve publique, fut pourvu de la chaire de Ramus. »

L'arrêt du 17 mars 1573 est cité par Sainte-Palaye dans son *Dictionnaire manuscrit
des antiquités françaises* (article Historiographe); il a été, en outre, reproduit par M. Ché-
ruel (*Dictionnaire historique des institutions, mœurs et coutumes de la France*, même article).

---

[1] Registres du Parlement (1576).

II

INVENTAIRE DES TILTRES, ENSEIGNEMENS ET PAPIERS TROUVEZ AU TRÉ-
SOR DE CESTE VILLE DE PARIS, FAICT EN 1583, PAR NICOLAS JEHAN
POUSSEPIN, CONSEILLER DU ROY EN SA PRÉVOSTÉ DE PARIS, LORS
ESCHEVIN D'ICELLE.

(Arch. de l'Emp. Q. Seine, 1099-219. Registre in-folio, 145 feuillets.)

(EXTRAIT.)

A MESSIRE ESTIENNE DE NULLY, CHEVALLIER, CONSEILLER DU ROY EN SON
CONSEIL PRIVÉ ET D'ESTAT, PREMIER PRÉSIDENT EN SA COUR DES
AYDES, SEIGNEUR DE NULLY ET PRÉVOST DES MARCHANS DE CESTE VILLE
DE PARIS.

Monsieur, ce n'est pas assez, dit le docte Plutarque, de desirer
le magistrat en une ville, monter en la chaire tribunaire, mais c'est
le tout d'y bien faire. . . . .

Suivent des considérations générales sur les devoirs et la responsabilité des
grandes magistratures, et l'éloge de M. de Nully, ainsi que de M. Christophe
de Thou, son prédécesseur, qui ont défendu les droits de la Ville contre toute
oppression.

Ce fut au temps du dernier an du magistrat prévostal de mon
dict seigneur de Thou, advocat du Roy. . . . . . désireux du bien de
la Ville, me commanda voir tous les tiltres et pancartes qui estoient
en la chambre du Trésor d'icelle, et en confussion qu'ilz estoient,
les remectre en quelque ordre. Joyeulx de ce commandement, je
prins occasion de m'instruire des antiquitez, privilleges, droitz du
domaine, et autres affaires de nostre dite Ville, pour en respondre
quand il en seroit besoing. Le désordre y estoit tel, pour le peu de

soin que l'on y avoit aporté le passé, qu'il me desbaucha, pour ne penser jamais venir (au moings pendant les deux années de mon magistrat) au bout de telle entreprise.

Touttefoys, vaincu du commandement que m'en avoit fait mondit Sr de Thou, et à l'instance que me faisoient mes collegues, Me Anthoine Mesmyn, advocat à la court; sire Nicolas Robert Bourgeois, et Me Denis de Mamyneau, Conseiller du Roy et auditeur de ses comptes; Me Pierre Perrot, Procureur de Sa Majesté et de la Ville, et Me François de Vigny, recepveur, lequel, d'une singulliere dévotion qu'il a au bien et ornement de ladicte Ville, m'a incité souvent à faire cest inventaire, plusieurs années auparavant procuré (sans touttefoys avoir esté exécuté), et aultres de Messieurs les Conseillers de Ville, *quibus me plurimum debere libenter fateor,* je despouillay toute vanité du travail et labeur que je prévoiois me talonner, postposant le debvoir et dilligence que je devois à mon estat de Conseiller *in foro prætorio,* au maniment de la justice et à mes affaires domestiques, pour acheminer cest œuvre à bonne fin; lequel, aux derniers jours d'iceluy mon magistrat, aiguillonné par chacun jour à ce faire par mes confreres, qui estoient lors sire Anthoine Huot et maistre Jehan de Loynes, advocat, Eschevins, j'ai achevé par la grace de Dieu, y ayant employé les deux partz pour le moings de mon temps, à veoir, lire et faire extraitz et mémoires, pour apres et à loysir trouver un moyen de le disposer par tiltres comme se veoit le présent inventaire; et ainsy j'ay pensé faire recueillir à mes successeurs le fruit de mon labeur et navigation...

. . . .

Estant hors de mon magistrat, j'ay délibéré disposer par ordre ce que j'avois jecté en gros, et raporter soubz chacun tiltre ce qui y apartenoit, afin que plus aizément on trouvast, en un mesme endroit, ce qui seroit besoing pour un mesme subject, sans se travailler de lire infiniz tiltres, de passer beaucoup de temps inutilement, avant de rencontrer la piece que l'on demandoit; aussy que ceulx curieulx de noz antiquitez et affaires de la Ville et autres beaux faitz, en peu de jours se peussent instruire, quasy sans travail, du plus remarquable de ce qui est es tiltres; les remettans touttefoys du surplus à la lecture d'iceulx, qui a esté l'une des raisons qui m'a meu copieusement faire les extraictz, sans se contenter d'une simple dacte, comme avant quarante ou cinquante ans aucuns inventaires ont esté faictz, sans avoir néanmoings observé quelque ordre, de façon que, pour trouver une piece, il eust esté nécessaire le plus souvent vuider une, voire trois layettes avant de la rencontrer. Ce que j'ai fait a esté, raportant *singula singulis,* coter les pièces alphabétiquement et le lieu où l'on les peust aisément treuver, et par ce moïen rellever de peine celluy qui en aura affere. . . . .

Jean Poussepin ajoute qu'il a souvent usé des propres mots latins et anciens termes du langage français, respectant même les mots grossiers en apparence, et le langage mal plaisant qu'on trouve parfois dans les anciennes Ordonnances de la Ville. Il dit encore :

Ce n'estoit mon intention, Monsieur, m'estendre sy avant en ce propos pour n'estre mon subject, je me suis eschappé touttefois soubz votre bonne attention, mais seullement voullois dire en un mot que par cest inventaire l'on pourra remarquer la dévotion que noz peres ont eue à nous acquérir un ample et tres beau patrimoine et encore plus excellant qu'il se représente; lequel a esté diminué et expillé pendant qu'il a esté come en tutelle, administré soubz la main estrangere de noz ennemis anciens et invetérez, les Angloix, qui ont tiré (comme il est vraysemblable) le plus beau, pour oster aux enffans vraiz et légitimes héritiers et successeurs en ceste hérédité, la cognoissance des dons, privilleges, droictz et immunitez à eulx faitz par leur prince naturel et légitime, confirmez de siecle en siecle jusques à huy. Ce qui reste encores touttefoys est encores

suffisant et bastant pour déffendre contre les pyrattes de ce navire, contre les venz et viollences des meschanz, la conservation
de l'intégrité et virginité de ceste Ville; vous en estes à présent le
gardien, Monsieur, et vray dépositaire, protecteur et deffenseur
soubz l'aucthorité de nostre prince et roy légitime, en ce temps si
agité. C'est pourquoy je vous ay dedyé ce petit mien travail et à
messieurs Huot, de Loynes, Gédouyn et de la Fau, Eschevins, qui
vous aydent en ceste administration, puisque en la derniere année
de mon magistrat (la vostre premiere), j'ay mis fin à icelluy, ce que
j'avois plus désiré..

A vous doncq, Monsieur, soit l'honneur de ce mien travail (que je
sais combien de bons offices vous m'avez aportez *in hac suscipienda
ædilitia*) et à mes successeurs un désir de continuer cest ordre sans
le confondre. — Anatheme à icelluy qui causera une confussion
et désordre à ce qui m'a cousté sy cher et fait veiller mainctes nuicts
pour m'en expédyer promptement, comme de chose nécessaire à la
Ville. Vous supplieray, Monsieur, le prendre de non moindre affection que j'ai toujours congneu par effect que vous m'avez aymé, et
en voulleoir estre le gardien, au moings curieulx qu'il puisse estre
conservé des mains légeres et laronnesses de ceulx, lesquels (possible) seroient bien aises en faire un singulier larcin; n'estant expédient estre veu de tous, bien de ceux qui sont légitimes curateurs
de l'héritage, et que vostre adveu en ce fait me serve de bouclier
et de protection contre la calumnie de ceulx qui vouldroient entreprendre de baguer, mesdire et envyer ce recuel. Je say que la Ville
n'a mancqué, ne mancque et ne mancquera jamais d'hommes plus
advisés que moy en toutes choses; et si elle eust voullu en faire
choix, elle en eust trouvé prou, je le confesse hardiment, mais de
meilleure volunté, non. Je ne le puis advouer puisque, auparavant
moy, aultres ne se sont voullu volluntairement, *nulla mercede, nullo
honorario sperato,* charger et obliger à ce labeur. Je vous supplierai

de rechef que nostre bonne affection, joincte au zele que j'ay eu à mon magistrat, me tienne lieu à jamais de toute rescompense et soit le tesmoignaige de la fidélité et service que j'ay eu à la Ville de ma naissance. Et, en ceste asseurance, je prierai nostre Dieu, Monsieur, qu'il vous donne l'heur et félicité, telle que vous désirez, et mérite un bon gouverneur que vous estes de ce navire de Paris. Ce XIIII jour d'aoust 1584.

Vostre bien humble et affectionné serviteur,

POUSSEPIN.

———

AU LECTEUR.

Amy lecteur, si vous trouvez en ce Répertoire et Mémorial l'ordre des temps et d'actes d'aucuns tiltres, contrats et lettres patentes non gardé, ne me imputez, je vous prie, la faulte. Car aucuns d'iceulx, tirés et non remis, et autres non encores déposez en la Chambre du Trésor des chartes de ladite Ville, estoient demeurés es mains et possession de Me .... Bachellier, greffier d'icelle Ville, pour lors que j'estois Eschevin et que j'entrepris cest œuvre assez laboriculx, comme vous pouvez juger; et, combien qu'il sceut mon entreprise, ne prenoit garde touttefoys à ce qu'il possédoit, plustost par oblience que d'une certaine science et sinistre affection qu'il eust à les retenir. Tellement qu'estant hors de mon magistrat, ayant aporté la derniere main à ce mien travail, fait dresser et relyer ce volume et présenté à Messieurs les Prévost des Marchans et Eschevins, advint le décedz dudit Bachellier, aux armoires du quel, Me Bonnaventure Héverard, à présent greffier et

son successeur, curieulx du bien de la Ville, trouva plusieurs tiltres, lettres et contractz concernant le bien de la dicte Ville, lequel
en advertit Messieurs les Prévost des Marchans et Eschevins, et depuis, par leur ordonnánce, me les aporta pour iceulx veoir, et ad-
jouster selon l'ordre que j'avois commencé en cest inventaire, ainsy
qu'il se peust veoir en plusieurs additions. Et pour ce, amy lecteur, excuse les mortz, et prent en gré ces miennes secondes sueurs
dédyez à l'honneur et utillité de la Ville de ma naissance.

Suit l'*Inventaire des titres*, etc.

III

URBIS ÆDILITATISQUE PRÆFECTO AMPLISSIMISQUE ÆDILIBUS SUAM *LUTETIAM* DEDICAT RODOLPHUS BOTEREIUS, IN MAGNO CONSILIO ADVOCATUS.	AU PRÉVOT DES MARCHANDS ET AUX ÉCHEVINS DE LA VILLE DE PARIS[1], RAOUL BOUTRAYS[2], AVOCAT AU GRAND CONSEIL, DÉDIE SON POËME INTITULÉ *LUTETIA*.

1611.

Claras urbes, in hisque patritios viros, optimos cives, vicini soli ubertatem, cœli salubritatem, amœnitatem situmque adjacentium locorum laudare, illa vel ista oratione, veteris instituti et plurimum laudati fuit......

. . . .

. . . .

C'est un usage ancien et fort approuvé que de louer, soit en vers, soit en prose, les villes célèbres, leurs notables, leurs hommes de mérite, et de célébrer en même temps la salubrité du climat, la fertilité du terroir voisin, ainsi que les agréments et la belle situation des lieux environnants... . . . . .

. . . .

. . . .

Raoul Boutrays cite les noms des principaux écrivains qui ont cultivé ce genre descriptif : chez les Grecs, Dion Cassius et Strabon ; chez les Latins, Ausone ; et, parmi les modernes, Scaliger, le Florentin Ugolin Verini, et l'Orléanais Audebert, ont laissé, dit-il, d'excellents modèles en ce genre.

[1] Les Officiers municipaux alors en exercice étaient : le Prévôt des marchands, Jacques Sanguin, et les Échevins, Jean Perrot, Jean de Lanoue, Nicolas Poussepin et Jean Fontaine.

[2] Ou Bothery.

Lutelia, satis nota suo titulo, præconibus non indigebat; nam quo sui nominis celebritas non pervolavit? Qui angulus orbis nescit *Lutetiam* dominam gentium, reginam civitatum? Ejus laudes aggredi æque insanum est, ac si quis media æstate, die sudo et ferventi, ad solem illustrandum faces et lucernas accendat? Sed illam delineasse, resque in ea vel ad miraculum stupendas sub oculo posuisse, et quasi palpandas exposuisse, non inanem neque pœnitendam operam putavi; nam nos qui vel ingeniti vel acciti sumus, qui tot annis Lutetiam incolimus (ita rerum omnium præstantia et quasi mole quadem laborat), ut quod in ea pulcherrimum aurum et gemmas calcamus, hoc est res scitu dignissimas, et quæ evulgatæ ad miraculum sint, segnes et incuriosi fastidimus. Exteri omnes, præcipue amiciores gentis nostræ, æquioresque æstimatores nominis et splendoris Gallici, Germani nempe, Belgæ, Batavi, Scoti, Britanni trans Oceanum, rerum nostrarum appetentissimi sunt, et scien-

Paris, assez connu par son titre, n'avait pas besoin qu'on publiât sa gloire; en effet, où la Renommée n'a-t-elle pas porté le nom de cette capitale? Quel coin du monde n'a entendu parler de la ville maîtresse des nations et reine des cités? Entreprendre son éloge serait une œuvre aussi insensée que de s'aviser, au milieu de l'été, durant la brûlante canicule, d'allumer des flambeaux et des torches pour éclairer le soleil. Mais en faire la description, mettre sous les yeux et placer en quelque sorte sous la main du lecteur les merveilles qu'elle renferme, cela ne m'a point paru un travail stérile et regrettable. En effet, nous tous, originaires de Paris, ou venus en cette ville, et qui l'habitons depuis longues années, par cela même qu'elle abonde, qu'elle regorge de toutes sortes de choses admirables, nous ignorons les beautés qu'elle renferme, nous passons en foulant aux pieds l'or et les pierreries, c'est-à-dire les objets les plus dignes de remarque; et ce qui serait merveilleux, si on l'ébruitait, n'obtient de nous qu'un regard indifférent et dédaigneux. Tous les étrangers, au contraire, principalement ceux qui

darum maximo desiderio tenentur. Quemadmodum autem, eorum quos longissimis spatiis a nobis dissitos divulsosque, presentes spirantesque intueri, osculari et amplecti non possumus, absentiam solamur, iconibus ad similitudinem quam proxime effictis : sic qui vel longitudine et asperitudine viarum, vel domesticis negotiis, Lutetiam invisere et mirari prohibentur, videndæ desiderium, illius pictura, si non ita exculta, tamen verissima, tantisper levabunt.

Fallor : forsitan ubi in nube illi ita claram et fulgentem viderint, non meam pictam et umbratilem, sed Rege, Augusta, Aula, Senatu, vobisque Decurionibus amplissimis, totque insignibus animatis inanimatisque monumentis, fulgentem et spirantem Lutetiam intueri percupient, ipse ego videndæ desiderium excitabo

aiment davantage notre pays et qui se montrent plus équitables appréciateurs du nom et de la grandeur de la France, les Allemands, les Flamands, les Hollandais, les Écossais, les Anglais, sont très-jaloux de ce que nous possédons, et désirent vivement en avoir la connaissance. De même donc que, ne pouvant contempler, étreindre et embrasser en personne ceux que de longues distances éloignent et séparent de nous, nous nous consolons de leur absence en ayant d'eux des portraits aussi ressemblants que possible ; ainsi ceux à qui la longueur et les difficultés du voyage ou des affaires domestiques ne permettent pas de venir voir et admirer Paris, éprouveront des regrets moins vifs, en consultant le tableau simple mais fidèle que j'en ai tracé.

Que dis-je ? Lorsqu'ils auront pu juger, comme à travers une ombre, de l'éclat et de la splendeur de Paris, ce n'est pas ma description, pâle image de la réalité, qui les satisfera ; c'est le roi, la Reine, la Cour, le Parlement, les Magistrats municipaux, qu'ils voudront voir ; c'est ce Paris qu'embellissent et font vivre tant de merveilles animées et inanimées ; en sorte

potius, et procrastinantibus calcar adjiciam, ita ut qui de profectione in Galliam, vel nullam cogitationem unquam habuerat, vel eam senescere apud se passus erat, illico se in viam dabit. Virtus enim et quæ suapte pulchra sunt et admiranda, si oculis corporeis videri possent, quantos de se amores excitarent, sic domicilium virtutum, gemino obtutu conspecta Lutetia, sui miraculum, cœterarum fastidium excitabit. Tantæ urbi (cujus quantula pars sum, in cujus sinu nidum posui, domum non obsoletam condidi, familiam collocavi), mei obsequii et clientelæ hanc opellam præstare, non modo æquum sed justum putavi, ne exterorum gratitudo, mihi ingratitudinis nævum et maculam inureret. . . . .
. . . .
. . . .

que j'exciterai plutôt en eux le désir de le visiter, éperonnant les voyageurs retardataires et déterminant ceux qui n'avaient jamais eu la pensée de venir en France, aussi bien que ceux qui avaient indéfiniment ajourné ce voyage, à se mettre immédiatement en route [1]. La vertu, en effet, et tout ce qui, de sa nature, est beau et admirable, exciterait les transports les plus vifs, si l'on pouvait l'apercevoir des yeux du corps; Paris, séjour de toutes les belles choses, sera donc un objet d'admiration et fera dédaigner tout le reste. Pour moi, qui suis si peu de chose dans une si grande cité où j'ai posé mon nid, fait un établissement honorable et réuni ma famille, j'ai pensé qu'il était de toute équité, de toute justice, de donner à ma patrie adoptive cet humble témoignage de mon affection et de mon dévouement; j'aurais craint, en effet, que la reconnaissance des étrangers ne fît ressortir tout l'odieux de mon ingratitude . . . .
. . . .
. . . .

---

[1] Il est fort remarquable de voir un poëte convoquer, dès 1611, les nations européennes à une sorte d'exposition des merveilles de Paris. La langue latine, que parlaient alors tous les lettrés, et qu'il employa pour faire cet appel, lui parut probablement

Raoul Boutrays expose ensuite qu'il a développé et complété la *Description de Paris* publiée, soixante ans auparavant, par Eustache de Knobelsdorf, ouvrage fort apprécié par les contemporains, et il ajoute :

Longe alia est Lutetia, quam quo tempore eam Prutenus laudabat; illius tamen descriptionem, vetustate temporis desuetam, et pene obsoletam, redivivam esse, et meæ attexere volui, ut utraque collata in comperto sit, quantum vetus illa, rudis et gypsata Lutetia, a nostra marmorea et luculenta distat. Nam, ut obiter de laudibus Henrici IV Augusti Magni (quas cumulate et plena manu tertio tomo Commentariorum prosequor) vetus illud interseram, non modo lateritiam, sed feritate Iberica bellorum civilium plus quam Vandalica devastatione laceratam, detritam, semirutam et vix gypsatam Lutetiam invenerat, quam dixi marmoream moriens reliquit; et si sævitas fatorum nobis eum non invidisset, auream erat propediem facturus.

Paris a un tout autre aspect qu'à l'époque où ce Prussien [1] en fit l'éloge; aussi ai-je voulu rajeunir et rééditer sa description, que le temps a vieillie et rendue méconnaissable. En les comparant l'une à l'autre, on verra combien la vieille cité de plâtre décrite par Knobelsdorf diffère de la brillante ville de marbre que j'ai chantée. Car pour rappeler en passant l'éloge de Henri IV, ce grand roi sur le tombeau duquel j'ai jeté les fleurs à pleines mains, dans le troisième volume de mes Mémoires, je dois dire que Paris n'était même plus une ville de briques au moment où il y entra, mais qu'elle avait été, pendant les fureurs des guerres civiles, tellement pillée, saccagée, dévastée par la barbarie espagnole, pire que celle des Vandales, qu'il la trouva toute de plâtre et la laissa presque toute de marbre, bien résolu, avant sa mort, d'en faire promptement une cité d'or, si les

plus propre à répandre son idée. C'était, du reste, l'époque où le projet d'une langue universelle préoccupait le monde savant.

[1] Du Breul, dont le livre parut en cette même année 1611, cite également « le « Prussien Knobelsdorf. »

At vos urbis populosæ, ingentis, amplissimi, optimi Curatores, tabulam, imitamentum, simulacrum urbis (hoc est meam chartaceam Lutetiam), æquanimes accipite; vobis dicatam esse oportuit, cum gleba ex campo ad dominum jure civilis pertineat.: præsentibus et post futuris hoc testimonio constare volui, ut quamvis ortu non sim Lutetianus, tamen affectu, observatione, vel hac publica mei obsequii obtestatione censeri debeam. Faxit Deus, ut Lutetiæ non æternæ (quod sub ethnico Cæsarum imperio Roma sibi arrogavit) nomen, sed ipsa æternitas contingat, si quid in fluxa seculi vertigine æternum est, et vere dicatur :

Urbis qui fuerit, finis et Orbis erit.

destins jaloux et cruels ne nous avaient pas ravi un tel monarque.

Quant à vous, Magistrats éminents, agréez avec bonté ce tableau, cette image, cette ombre de l'immense et populeuse cité que vous administrez (je veux dire ce *Paris* en un petit volume) : mon ouvrage devait vous être dédié, car, dans un champ, la moindre motte de terre appartient légitimement au seigneur. J'ai voulu qu'il demeurât bien constaté, dans le présent et dans l'avenir, que, tout en n'étant pas Parisien de naissance, je mérite d'être regardé comme tel, par mes sentiments d'attachement et de respect, ainsi que par le témoignage public de dévouement que je donne à ma ville adoptive. Plaise à Dieu que Paris obtienne, non pas ce vain titre de ville éternelle que la Rome païenne s'est arrogé sous l'empire des Césars, mais l'éternité elle-même, si toutefois, dans le rapide tourbillon qui nous emporte, il est quelque chose qu'on puisse véritablement regarder comme éternel.

Paris ne finira qu'avec tout l'Univers.

DÉLIBÉRATION DU BUREAU DE LA VILLE RELATIVEMENT
A L'OUVRAGE DE RAOUL BOUTRAYS.

(Arch. de l'Emp. H 1795, fol. 309 v°.)

Du mardy quatriesme jour de janvier 1611.

Ce jourd'hui est venu au Bureau de la Ville, où estoient messieurs les Prévost des Marchans, Eschevins, Procureur du Roy et Greffier de la dite Ville, maistre Rodolphe Bothery (*sic*), advocat au Grand Conseil, qui a remonstré avoir faict ung livre en vers latins, intitulé *Lutetia,* qui traite des antiquitez, des choses rares, remarquables, et des grandes merveilles de la Ville de Paris, lequel livre il a dédié à Messieurs les Prévost des Marchans et Eschevins, requérant qu'il leur plust recevoir son petit labeur et l'avoir pour agréable ; et outre qu'il a baillé à chacun desdicts sieurs Prévost des Marchans, Eschevins, Procureur du Roy et Greffier de la Ville sondict livre, en a laissé deux au Bureau, qu'il a prié estre mis au trésor de ladicte Ville, affin qu'à l'advenir la postérité congnoisse sondict labeur.

De quoy mesdicts sieurs les Prévost des Marchans et Eschevins l'ont grandement remercyé, mesme luy ont le lendemain envoyé des présens de ladicte Ville, qui sont confitures, dragées et hypocras, et ont mesdicts sieurs ordonné que lesdicts deux livres seroient mis audict trésor de la Ville, dont seroit fait mention dans l'inventaire des chartres et papiers d'icelle Ville.

IV

LES HISTORIENS DE PARIS.

SAUVAL. — FÉLIBIEN. — LOBINEAU. — LE ROY.

1650-1722.

Si Henri Sauval n'a pas été aidé matériellement par la Ville, il a du moins tiré des archives municipales tout ce qui pouvait servir à la composition du grand ouvrage dont il a laissé les matériaux. Voici comment il s'exprime, à la page 167 du tome I, livre II (*Noms des ruelles de Paris et leur étymologie*) :

« Il ne se trouvera guères ici de preuves, ni d'actes, dans ce que « j'avancerai, parce que j'ai tiré peu de choses de l'Histoire ; presque « tout vient, tant des Registres du Parlement et de la Chambre des « Comptes, de ceux du Chastelet et de l'Hostel de Ville, que des deux « Rolles de la Taille imposée sur les Parisiens en 1300 et 1386 ; des « anciens et nouveaux papiers-terriers de Paris ; de deux plans de la « Ville, l'un imprimé il y a plus de cent ans, et l'autre fait il y en « a plus de cent cinquante, etc. »

(Arch. de l'Emp. ancien K 994)

6 octobre 1718.

Ordre de payement, et quittance au dos, d'une somme de mille livres, payée à dom François-Michel Félibien, religieux bénédictin réformé de l'abbaye de Saint-Germain des Prés, « pour frayer à « partie des dépenses de l'*Histoire de la Ville de Paris*, à laquelle il « travaille. »

Signé, au dos, Fr. MICHEL FÉLIBIEN.

(Arch. de l'Emp. ancien K 994.)

18 décembre 1721.

Ordre de payement d'une somme de mille livres à dom Guy-Alexis Lobineau, religieux bénédictin de la congrégation de Saint-Maur, « pour frayer aux travail et frais qu'il convient faire pour l'im-
« pression, gravure des planches et autres despenses de l'*Histoire de*
« *Paris,* commencée par le père Félibien, religieux de ladicte con-
« grégation. »

———

(Arch. de l'Emp. KK 467, fol. 73 v°.)

30 janvier 1722.

A dom Guy-Alexis Lobineau, religieux bénédictin de la congré-gation de Saint-Maur, la somme de mille livres, par mandement du 18 décembre 1721, pour contribuer, par la Ville, aux travail et frais qu'il convient faire pour l'impression, gravure des planches et autres dépenses de l'*Histoire de Paris,* commencée par le P. Féli-bien, religieux de ladite congrégation.

———

On a vu ci-dessus (page 45) que Le Roy, auteur de la savante dissertation imprimée en tête du premier volume de l'*Histoire de Paris,* par Félibien, se loue de l'appui et des encouragements qu'il trouva auprès de M. Trudaine, alors Prévôt des Marchands; mais on ne saurait dire s'il reçut de l'Échevinage des secours pécuniaires pour mener à fin son entreprise; ancien maître et garde de l'orfévrerie, il était alors contrôleur des rentes de l'Hôtel de Ville.

———

V

LES GÉNÉALOGISTES, HÉRALDISTES, GÉOGRAPHES ET GRAVEURS DE LA VILLE DE PARIS[1].

CHEVILLARD. — JAILLOT. — DESPREZ. — BEAUMONT. — DE LAGRIVE.
— ROBERT DE HESSELN, .ETC.

1716-1785.

(Arch. de l'Emp. KK 465, fol. 415 r°.)

21 août 1716.

A Jacques Chevillard, généalogiste du Roy et de la Ville de Paris, la somme de cinquante livres, pour avoir continué la carte de MM. les Prévosts des Marchans et Eschevins, Procureurs du Roy et de la Ville, Greffiers, Receveurs et Conseillers de Ville, mesme sur le livre qui est au greffe, pendant les huit années des quatre prévostez de M. Bignon, par mandement du 13, et quittance estant au dos, du 21 aoust 1716.

———

(Arch. de l'Emp. KK 467, fol. 64.)

10 septembre 1719.

Jacques Chevillard, généalogiste du Roy et de la Ville, fournit deux cartes historiées de MM. les Prévosts des Marchans et Eschevins, pour estre données à deux nouveaux Eschevins, par mandement du 10 septembre 1719.

Audict Jacques Chevillard deux cent vingt livres, par mande-

---

[1] Nous groupons sous ce titre quelques pièces relatives aux travaux accessoires rendus nécessaires par les grandes entreprises historiques de 1711 et de 1734. Il en existe sans doute beaucoup d'autres; mais celles que nous imprimons suffisent pour donner une idée du mouvement artistique qui fut la conséquence des études prescrites par la Prévôté des Marchands.

ment du 13 septembre 1720, pour trois cartes et un livre des blasons des Prévosts des Marchans et Eschevins, Procureurs du Roy et de la Ville, Conseillers, Quarteniers, etc. lequel livre doibt estre offert à M. de Chasteauneuf, eslu Prévost des Marchans, l'an 1720.

_____

(Arch. de l'Emp. KK 467, fol. 66 r°.)

12 décembre 1720.

Au sieur Bernard Jaillot, géographe du Roi et de la Ville, la somme de soixante-six livres, par mandement du 12 décembre 1720, pour deux grands plans et deux petits plans de la Ville de Paris.

_____

(Arch. de l'Emp. KK 467, fol. 40 v°.)

10 mars 1720.

Mandat de payement, en date du 10 mars 1721, d'une somme de deux cent vingt-trois livres, au sieur Desprez, géographe de la Ville, pour une carte des rivières et ruisseaux du Morvan.

_____

LETTRE DE RECRÉANCE POUR LE SIEUR ABBÉ DE LAGRIVE, POUR LEVER LES PLANS DES RIVIÈRES ET RUISSEAUX AFFLUANS À CETTE VILLE.

(Arch. de l'Emp. H 1855, fol. 443 v°.)

26 mars 1734.

Nous Michel-Estienne Turgot, Chevalier, Seigneur de Soumont, Bons, Ussy, Potigny, Perrières, Brucourt et autres lieux, Conseiller du Roy en ses Conseils, Président au Parlement et en la seconde Chambre des requestes du Palais, Prévost des Marchans, et les Eschevins de la Ville de Paris, prions et requérons tous magistrats, officiers, seigneurs, habitans, communautés religieuses et propriétaires

des chasteaux, maisons, terres, bois et autres héritages, de laisser
entrer dans leurs chasteaux et maisons le s^r De Lagrive, prestre,
et visiter leurs terrains le long des rivières et ruisseaux flottables affluans à cette Ville de Paris, depuis leurs sources jusqu'à leurs em-
bouchures, pour lever les plans des rivières et ruisseaux et faire
des cartes exactes et détaillées de leurs cours, à quoy il travaille
de nos ordres. En tesmoin de quoy, Nous avons à ces présentes fait
mettre et apposer le scel de la Prévosté des Marchans.

Fait au Bureau de la Ville de Paris, le 26 mars 1734.

> TURGOT, MILLON, LE FORT, FAUCONNET DE VILDÉ et
> JOSSET.

DÉLIBÉRATION PORTANT QU'IL SERA ESTABLY ET NOMMÉ
UN GÉOGRAPHE DE LA VILLE.

(Arch. de l'Emp. H 1856, fol. 116.)

8 mars 1735.

Du mardy huitième jour de mars mil sept cent trente-cinq, au
Bureau de la Ville,

Nous Michel-Estienne Turgot, Chevalier, Seigneur de Soumont,
Bons, Ussy, Potigny, Perrières, Brucourt et autres lieux, Conseiller
du Roy en ses Conseils, Président au Parlement et en la seconde
Chambre des Requestes du Palais, Prévost des Marchans; Jean-
Claude Fauconnet de Vildé, Écuyer, Conseiller du Roy et de la Ville,
avocat en la Cour, expéditionnaire de la Cour de Rome et des Légations d'Avignon; Claude-François Petit, Écuyer, Conseiller du Roy,
quartinier; Jean-Baptiste de Santeul, Écuyer; Eschevins de cette Ville
de Paris, assemblés au Bureau de ladite Ville, avec le Procureur du
Roy et de ladite Ville pour les affaires d'icelle, Nous aurions mis en

considération la nécessité de faire choix d'une personne capable
pour la levée de tous les plans généraux et particuliers que Nous
jugerons nécessaires pour le bien public, et en particulier pour
l'avantage de la Ville, tant dans l'étendue de cette Ville et des fauxbourgs d'icelle que hors desdits Ville et fauxbourgs, à quelque distance que Nous estimions qu'il se doive transporter; qu'afin qu'il n'y
ayt aucun retard dans l'exécution des ordres que Nous pourrons
donner à cet égard, il conviendroit que cette personne s'y trouvast
perpétuellement disposée et obligée par un titre et des honoraires
qui l'attachassent immédiatement, absolument et entièrement au
service de la Ville; Nous, la matière mise en délibération, ouy et ce
consentant le Procureur du Roy et de la Ville, avons arresté et ordonné, arrestons et ordonnons qu'il sera par Nous estably et nommé
une personne pour lever les plans généraux et particuliers que Nous
jugerons nécessaires pour le bien public, et en particulier pour l'avantage de la Ville, tant dans l'étendue de cette dite Ville et des fauxbourgs d'icelle que hors desdits Ville et fauxbourgs, à quelque distance que Nous estimions qu'il doive se transporter, avec le titre de
Géographe de la Ville; que ledit Géographe sera tenu de se fournir
de tous les instrumens, papiers, couleurs et autres choses généralement quelconques qui luy seront nécessaires à cet effet, sans exception d'aucuns, comme aussy de faire à ses frais toutes autres despenses, soit pour nourritures, transport et chevauchées, sans que,
pour raison de ce, et sous prétexte de plus grande cherté des denrées
aux endroits qu'il Nous plaira l'envoyer, il puisse estre par luy demandé ny luy estre payé par la Ville aucune somme pour remboursement, à titre d'indemnité ou autrement; qu'il sera pareillement
tenu de Nous communiquer tous les projets qu'il aura formés pour
parvenir à l'exécution de nos ordres, toutes fois et quantes il en sera
par Nous requis; comme aussy que lesdits ouvrages, soit projets ou
autrement, appartiendront à ladite Ville, pour par Nous en faire tel

usage que Nous aviserons bon estre, les faire graver et imprimer, si Nous le jugeons à propos, aux despens de ladite Ville, et obtenir à cet effet tout privilége nécessaire en nostre nom. Voulons bien, en cas de graveure et d'impression d'aucuns desdits ouvrages, en donner vingt-quatre exemplaires audit Géographe, reliés aux armes de ladite Ville s'il y a lieu, sans pouvoir par ledit Géographe faire faire lesdites graveure et impression en son nom ou autrement, ny obtenir et demander aucun privilége pour raison de ce, sur quelque prétexte que ce puisse estre, mesme sur celuy que ce seroit à ses frais et despens. En cas de déceds dudit Géographe ou autrement, lesdits projets, ouvrages, et les matériaux, en quelque estat qu'ils soient, qui se trouveront parmy ses effets, appartiendront en entier à ladite Ville, dont ledit Géographe sera tenu de faire sa soumission au greffe de ce Bureau. Ensuitte de la minutte du brevet de commission qui luy sera par Nous expédié, sera tenu ledit Géographe de prester en nos mains le serment de bien et fidèlement et promptement exécuter tous les ordres qui luy seront par Nous donnez, et de se conformer ponctuellement à tout le contenu de la présente délibération. Il luy sera payé par chacun an, pour lesdits honoraires, la somme de mille livres, de trois mois en trois mois par quartier, par le Receveur des domaine, dons, octroys et fortiffications de ladite Ville, laquelle somme luy sera passée et allouée dans la despense de ses comptes; et ce à commencer du jour qu'il aura obtenu de Nous le brevet de commission, presté ledit serment et fait ladite soumission, sans que ladite somme puisse estre jamais augmentée sur quelque prétexte que ce puisse estre.

Fait au Bureau de la Ville de Paris, le 8e mars 1735.

Signé TURGOT, FAUCONNET DE VILDÉ, JOSSET, PETIT, DE SANTEUL et MORIAU.

BREVET DE GÉOGRAPHE DE LA VILLE À Mᶜ JEAN DE LAGRIVE.

(Arch. de l'Emp. K 991.)

8 mars 1735.

A tous ceux qui ces présentes lettres verront, Michel Estienne Turgot, Chevalier, Seigneur de Soumont, Bons, Ussy, Potigny, Perrières et Brucourt et autres lieux, Conseiller du Roy en ses Conseils, Président au Parlement et en la seconde Chambre des Requestes du Palais, Prévost des Marchans, et les Eschevins de la Ville de Paris, salut.

Sçavoir faisons que, par nostre délibération de ce jourd'huy, nous aurions ordonné qu'il seroit par Nous estably et nommé une personne pour lever les plans généraux et particuliers que Nous jugerons nécessaires pour le bien public et en particulier pour l'avantage de la Ville, tant dans l'estendue de cette dite Ville, et des fauxbourgs d'icelle, que hors desdits Ville et fauxbourgs, à quelque distance que Nous estimions qu'il doive se transporter, avec le titre de Géographe de la Ville; et pour ces causes, autres à ce Nous mouvans, et Nous deuement informez des bonnes vie, mœurs, conversation, religion catholique, apostolique et romaine, sens, suffisance, capacité, expérience, fidélité et affection au service du Roy, de ladite personne de Mᵉ Jean De Lagrive, prestre, de la Société royale de Londres et de la Société des Arts de Paris, demeurant en cette Ville, cloistre et paroisse Saint-Benoist, icelui sieur De Lagrive, ouy et ce consentant le Procureur du Roy et de la Ville, avons estably et nommé, establissons et nommons pour Géographe de la Ville, et en cette qualité lever les plans généraux et particuliers que Nous jugerons nécessaires pour le bien public et en particulier pour l'avantage de la Ville, tant dans l'estendue de cette dite Ville et fauxbourgs d'icelle que hors desdits Ville et fauxbourgs, à quelque distance que Nous estimions qu'il doive se transporter, de la manière et ainsy qu'il est plus au long expliqué en nostre dite délibération et aux charges, clauses et conditions y portées, et d'en faire à cet effet sa soumission au greffe de ce Bureau. Auquel S^r De Lagrive avons accordé la somme de mil livres par chacun an pour ses honoraires; laquelle somme lui sera payée à compter de ce jourd'huy par Jacques Boucot, Écuier, Conseiller du Roy, Receveur des domaine, dons, octroys et fortiffications de la Ville, de trois mois en trois mois.

Lequel S^r De Lagrive, après avoir mis la main *ad pectus,* a fait le serment, au cas requis et accoutumé, de bien et fidellement exécuter tout ce qui est contenu en nostre susdite délibération de ce dit jour. En tesmoin de quoi, Nous avons fait mettre à ces présentes le scel de ladite Prévosté des Marchans.

Ce fut fait et donné au Bureau de la Ville de Paris le 8e mars 1735.

Signé TURGOT, FAUCONNET DE VILDÉ, JOSSET,
PETIT, DE SANTEUL et MORIAU.

Et le mesme jour huit mars mil sept cent trente-cinq, est comparu au Greffe de l'Hostel de Ville de Paris le dit Sr Jean De Lagrive, prestre, de la Société royalle de Londres et de la Société des Arts de Paris, demeurant susdits cloistre et paroisse Saint-Benoist, lequel, après avoir pris communication de la délibération du Bureau de ce jour huit mars mil sept cent trente-cinq et du brevet de commission des autres parts, a promis et s'est obligé de lever les plans généraux et particuliers que le Bureau jugera nécessaires pour le bien public et en particulier pour l'avantage de la Ville, tant dans l'estendue de cette Ville et des fauxbourgs d'icelle, que hors des dits Ville et fauxbourgs, à quelque distance que le Bureau estimera que le comparant doive se transporter; que tous les plans et projets qu'il aura formés pour parvenir à l'exécution des ordres du dit Bureau appartiendront à la Ville, pour en faire tel usage qu'elle avisera bon estre, et qu'en cas de déceds du dit Sr abbé De Lagrive, tous les dits ouvrages, projets et matériaux qui se trouveront parmi ses effets, appartiendront à la dite Ville.

Et pour l'entière exécution de tout ce qui est porté par la dite délibération, icelui Sr abbé De Lagrive a, conformément à icelle, fait les soumissions requises et accoutumées, et éleu son domicille en sa demeure susdite, et a signé

DE LAGRIVE.

BREVET DE GRAVEUR EN TAILLE-DOUCE, DE LA VILLE DE PARIS[1].

(Expédition sur parchemin, avec le scel de la Prévôté des Marchands.)

13 avril 1736.

A tous ceux qui ces présentes lettres verront, Nous Michel-Estienne Turgot, Chevalier, Seigneur de Soumont, Bons, Ussy, Potigny, Perrières, Brucourt et autres lieux, Conseiller du Roy en ses Conseils, Président au Parlement et en la seconde Chambre des Requestes du Palais, Prévost des Marchans, et les Eschevins de la Ville de Paris, salut. Savoir faisons que, veu la requeste présentée au Bureau par Pierre-François Beaumont, graveur en taille douce, contenant qu'ayant l'avantage d'estre chargé de la gravure des armoiries des sieurs Gouverneurs de Paris, Prévost des Marchans, Eschevins, Procureurs du Roy, Greffiers, Receveurs, Conseillers et Quartiniers

---

[1] Nous donnons un de ces brevets comme spécimen; il en existe plusieurs autres, notamment celui qui avait été accordé, le 14 juillet 1734, au sieur Joseph Gamot, « maître graveur à Paris et graveur du Roi en la monnoie de Lille. » (Arch. de l'Emp. KK 991.)

de cette Ville, il se faisoit un véritable honneur d'avoir le titre de graveur en taille douce de la Ville, et, comme il ne le pouvoit avoir que Nous ne le lui ayons accordé, à ces causes il requéroit qu'il Nous plust lui accorder le titre de graveur en taille douce de cette Ville; ladite requeste signée Beaumont et Bressot, Procureur en ce Bureau, conclusions du Procureur du Roy et de la Ville.

Nous, ayant égard à ladite requeste et estant duement informé des bonnes vie et mœurs, conversation, religion catholique, apostolique et romaine, sens, suffisance, capacité et expérience dudit Pierre-François Beaumont, icelui, pour ces causes et autres à ce Nous mouvans, avons choisy et nommé, choisissons et nommons par ces présentes pour graveur en taille douce ordinaire de la Ville, et travailler en ladite qualité aux ouvrages qui lui seront ordonnés et suivant les ordres qu'il recevra du Bureau, dont il sera payé en vertu de nos mandemens; avons dudit Beaumont, pour ce présent pris et reçu le serment au cas requis et accoutumé. En témoin de quoi, Nous avons fait sceller ces présentes du scel de la Prévosté des Marchans.

Ce fut fait et donné au Bureau de la Ville, à Paris, le 13ᵉ jour d'avril 1736.

Signé TAITBOUT.

BREVET DE GÉOGRAPHE ORDINAIRE DE LA VILLE À MATHIAS ROBERT DE HESSELN.

(Arch. de l'Emp. K 996.)

5 avril 1785.

A tous ceux qui ces présentes lettres verront, Louis Le Peletier Chevalier, Marquis de Montméliant, Seigneur de Mortefontaine, etc.

Prévôt des Marchands, et les Échevins de la Ville de Paris, salut. Sçavoir faisons que Nous, duement informés des bonnes vie, mœurs, capacité et expérience de la personne du Sr Mathias Robert de Hesseln, censeur royal et géographe, iceluy, pour ces causes et autres à ce Nous mouvans, avons, ouy et ce consentant le Procureur du Roy et de la Ville, commis et commettons par ces présentes pour ingénieur-géographe ordinaire de la Ville, pour ladite commission n'avoir lieu que tant qu'il plaira audit Bureau. En témoin de quoi avons fait sceller ces présentes du scel de la Prévôté des Marchands.

Ce fut fait et donné au Bureau de la Ville de Paris, le 5 avril 1785.

Signé LE PELETIER.

Je Mathias Robert de Hesseln, censeur royal et géographe, renonce à pouvoir en aucun temps et en aucun cas demander à Mrs les Prévôts des Marchands et Échevins, ni appointements, émoluments, vacations et gratifications, ni même remboursement de frais et de dépenses pour les ouvrages que je pourrai faire pour l'exécution de mes projets, ni tirer en aucun cas avantage à cet égard du titre d'ingénieur-géographe ordinaire de la Ville dont ils viennent de m'honorer.

Fait à Paris, ce 5 avril 1785.

ROBERT DE HESSELN.

VI

AIDES ET SUBVENTIONS ACCORDÉES AU COMMISSAIRE DE LAMARE
ET À SON CONTINUATEUR, LE CLER-DU-BRILLET, POUR LA COMPO-
SITION ET LA PUBLICATION DU *TRAITÉ DE LA POLICE.*

(Arch. de l'Assistance publique, n° 5000, p. 377 de l'Inventaire-Sommaire.)

1713-1734.

Un ouvrage aussi considérable que le *Traité de la Police* ne pouvait évidemment être composé et publié qu'avec un secours proportionné à l'importance
de l'entreprise; aussi le Premier Président De Lamoignon et le Lieutenant de
police De La Reynie, sur les instances desquels De Lamare s'était mis à l'œuvre,
trouvèrent-ils un moyen certain de l'indemniser des frais énormes que néces-
sitaient les recherches et l'exécution matérielle du livre. Au lieu du revenu
d'une abbaye, dont la commende lui avait été promise par Louis XIV, ils lui
firent obtenir du Régent une somme fort élevée pour l'époque, à prélever sur le
produit du *neuvième* de la recette brute de tous les spectacles. Voici en quels
termes Le Cler-du-Brillet s'exprime sur cet arrangement :

On vit ces grands magistrats, M. le Premier Président de Mesmes
et M. Daguesseau, Procureur Général, à présent Chancelier de France,
accorder ouvertement leur protection, agir sans relasche, parler,
écrire et déterminer le Roi à consentir en faveur de M. De Lamare
à une augmentation d'un neuvième sur les entrées aux spectacles :
l'Ordonnance alloit estre portée à la signature, lorsque Louis XIV
tomba malade et mourut. Cet événement ne fit que suspendre l'exécution de la chose; M. le Premier Président et M. le Procureur Général recommencèrent leurs sollicitations, et prirent la peine d'aller

demander la mesme grace à Monseigneur le Duc d'Orléans, Régent du Royaume. Ce Prince, aussi juste que généreux, écouta favorablement la proposition et l'agréa, ajoutant : *qu'il connoissoit le Commissaire De Lamare, et qu'il vouloit lui faire autant de bien que Louis XIV avoit eu dessein de lui en procurer.*

Pour assurer le recouvrement de la nouvelle augmentation sur les entrées aux spectacles, les magistrats avoient trouvé bon qu'elle ne parust point sous le nom de M. De Lamare, et ils lui avoient laissé la liberté de choisir un des hospitaux de Paris; sa prédilection pour l'Hostel-Dieu, dont madame sa sœur estoit prieure, et en grande recommandation par sa haute vertu, lui fit préférer cette sainte maison : la conjoncture se trouvoit d'autant plus heureuse que l'Hostel-Dieu venoit d'entreprendre le bastiment d'une salle neuve pour le soulagement des pauvres malades.

De làvient qu'il n'est parlé que de l'Hostel-Dieu dans l'Ordonnance du Roi du 5 février 1716, qui a augmenté d'un neuvième les entrées aux spectacles; mais Sa Majesté ne lui en fit le don qu'à cette condition expresse *d'en rendre une somme convenable à M. De Lamare, pour récompense de ses longs services, pour le dédommager des avances qu'il avoit faites pour la composition et l'impression de son Traité de la Police, et pour le remettre en estat d'achever un ouvrage si utile au public.* Ce sont les mesmes termes dont S. A. R. se servit, et qui ont esté conservés mot pour mot, tant dans la délibération du Bureau de l'Hostel-Dieu du mesme jour 5 février 1716, que dans le traité qu'il fit avec M. De Lamare pour sa part qui devoit lui revenir dans ce don; elle fut convenue à trois cens mille livres, par acte passé par-devant notaires le 19 du mesme mois de février.

Une somme si considérable semble plus que suffisante pour avoir assuré la fortune d'un particulier et l'estat de sa famille; mais les grands engagemens que M. De Lamare avoit contractés pendant quarante années d'exercice et de travaux, qui lui avoient fait aban-

donner les fonctions lucratives de sa charge; le poids de l'entreprise de son ouvrage, et d'autres causes que l'on réserve à détailler
dans l'histoire de sa vie, caractériseront les circonstances qui ont
réduit la magnifique récompense de M. De Lamare à un honoraire
annuel, sur lequel il a économisé pour satisfaire à ses engagemens
personnels, sans pouvoir laisser autre chose à sa famille qu'un
nom glorieux.

Uniquement occupé du bien et de l'intérest public, M. De Lamare auroit volontiers sacrifié tous les avantages de la fortune au
plaisir de finir l'ouvrage qu'il avoit entrepris; mais, sentant ses infirmités, et avec cela l'immense travail qui restoit à faire pour remplir un dessein si vaste, il prit le parti de désigner un continuateur;
il le choisit et en fut aidé dans les deux dernières années de sa
vie. Se voyant enfin accablé par le poids des ans, il fit toutes les
démarches nécessaires auprès de M. le Premier Président de Mesmes
et de M. le Procureur Général Joly de Fleury, pour leur faire agréer
le continuateur, et pour lui conserver en mesme temps une si puissante protection.

(*Éloge de M. De Lamare,* par Le Cler-du-Brillet, placé en tête du
tome IV du *Traité de la Police.* Voir au folio 4.)

Ce récit, fort abrégé, ne nous dit point à quelles dates précises et sous
quelles conditions De Lamare avait obtenu qu'on lui vînt en aide. Les archives
de l'Assistance publique sont plus explicites à cet égard; elles nous apprennent
que le docte commissaire fit, le 12 octobre 1713, sous les auspices et avec la
garantie morale de ses illustres protecteurs, un traité par lequel le sieur Brunet,
libraire, s'obligeait à vendre, moyennant un certain prix, ce qui restait du premier volume, et se chargeait de l'impression et du débit des autres. L'exécution
de ce traité, conclu antérieurement à la mort de Louis XIV, fut singulièrement
facilitée par l'acte du 19 février 1716, auquel intervinrent, en qualité de maîtres

Gouverneurs et Administrateurs de l'Hôtel-Dieu, le cardinal de Noailles, Archevêque de Paris, le Premier Président De Mesmes, le Premier Président De Ni-
colaï, représentant, l'un le Parlement, l'autre la Cour des Comptes, ainsi que
plusieurs anciens officiers de l'Hôtel de Ville et du Châtelet. Nous reproduisons
en entier cette pièce importante :

1716. — 19 février.

Par devant les Conseillers du Roy, notaires au Chastellet de
Paris soussignez, furent présens messieurs les maistres Gouverneurs et Administrateurs de l'Hostel-Dieu de cette ville, représen-
tés par Illustrissime et Éminentissime Seigneur monseigneur Louis
Antoine de Noailles, Cardinal prestre de la Sainte Église romaine,
du tittre de Ste Marie sur la Minerve, Archevesque de Paris, duc
de Saint Cloud, pair de France, commandeur de l'Ordre du Saint
Esprit et procureur de Sorbonne; haut et puissant Seigneur monseigneur Jean Antoine de Mesmes, chevalier, comte Davaux, sire
de Craymayel, marquis de Saint Estienne, comte de Brieconte-
robert, chevalier, commandeur des Ordres de Sa Majesté, Conseiller
du Roy en ses Conseils d'Estat et privé, Premier Président en son
Parlement; haut et puissant Seigneur Mre Jean Aymard Nicolaÿ,
chevalier, marquis de Goussainville, Presle, Yvert et autres lieux,
Conseiller du Roy en ses conseils, Premier Président en la Chambre
des Comptes; haut et puissant Seigneur Mre Henry François Daguesseau, chevalier, Seigneur de Coullanges, Conseiller du Roy en ses
conseils et son Procureur Général audit Parlement; Michel Soufflot,
écuyer, Conseiller secrétaire du Roy, Maison, Couronne de France
et de ses finances; Pierre d'Estrechy, écuyer, Conseiller du Roy,
substitut dudit seigneur, Procureur Général; Toussaint Simon
Bazin, Conseiller du Roy, ancien Eschevin de cette Ville; Me François Pillon, ancien procureur au Chastellet; Me Estienne Moreau,
avocat au Parlement, et Réné Michel Bloüin, écuyer, Conseiller

du Roy, commis en chef au greffe du Conseil d'Estat privé du Roy et ancien Eschevin de cette Ville de Paris, d'une part;

Et Me Nicolas De Lamare, Conseiller du Roy, commissaire enquesteur, examinateur audit Chastellet, demeurant rue Neuve Nostre Dame, paroisse Ste Geneviève des Ardens, d'autre part; disans les partyes que le Roy a accordé, par son ordonnance du cinq du présent mois de février, de l'avis de S. A. R. monseigneur le duc d'Orléans, Régent du Royaume, en faveur dudit Hostel-Dieu, un neufiesme par augmentation des sommes qu'on reçoit présentement, et qu'on recevra à l'avenir pour l'entrée aux Opéra, Comédies et autres spectacles publicqs qui se jouent à Paris par la permission de Sa Majesté, pour contribuer au bastiment des nouvelles salles dudit Hostel-Dieu et à la subsistance des malades d'iceluy; et à condition d'en rendre une somme convenable audit sr De Lamare, pour récompense de ses longs services, pour le dédommager des avances qu'il a faittes pour la composition et l'impression de son *Traitté de la Police,* contenant tous les règlemens faits sur cette matière, et pour le mettre en estat d'achever un ouvrage si utile au publicq, dont il reste à imprimer au moins trois volumes; et, comme il est nécessaire de fixer ce qui sera donné audit sr De Lamare, du produit de ce neufviesme, pour les motifs susdits, et en considération de ce qu'il a contribué à l'obtention de ce don, il a esté fait et convenu entre les parties ès dits noms, ce qui suit :

C'est à sçavoir que, suivant les intentions de sadite A. R. monseigneur le Régent, lesdits srs Administrateurs se chargent par ces présentes, tant pour eux que pour leurs successeurs en ladite Administration, de faire payer pendant vingt années consécutives par le sr Receveur général dudit Hostel-Dieu, sur le produit dudit neufiesme, aux cy après nommez, sçavoir 20,000 livres pendant chacune des dix premières années à compter du 10 du présent mois de février, et 10,000 livres pendant chacune des dix années sui-

vantes, la moitié desquelles sommes sera employée à payer les frais
de recherches, de copistes et d'impression de ce qui reste à imprimer dudit *Traitté de la Police,* sur les quittances desdits copistes
et autres personnes employées auxdites recherches, et des libraires
et imprimeurs, qui ont esté ou qui seront acquittez par ledit receveur de l'Hostel-Dieu sur ladite moitié desdites sommes 20,000 et
10,000 livres, des deniers qu'il recevra du produit dudit neufviesme
et sur les mandemens de monseigneur le Premier Président et de
monseigneur le Procureur Général, que messieurs de l'assemblée du
bureau de l'Administration dudit Hostel-Dieu ont priez d'en prendre
la peine; et à l'égard de l'autre moitié desdites sommes de 20,000
et 10,000 livres, elle sera payée par ledit s^r Receveur général sur
pareils mandemens, de trois mois en trois mois, audit s^r De Lamare,
ses héritiers ou ayans cause, ainsy qu'il luy aura plu d'en disposer,
mesme le total desdites sommes de 20,000 et 10,000 livres, après
que l'impression dudit *Traitté de la Police* aura esté achevée, pour
son remboursement, indemnité et récompense de ses soins passez
et des deux premiers tomes de sondit *Traitté de la Police* qu'il a
donnés au public, et pour ses honoraires de la composition d'iceluy, ses peines de recherches qu'il sera obligé de faire et des soins
qu'il prendra de conduire l'impression à sa perfection. Et en cas que
ledit sieur De Lamare vinst à décéder avant la fin de ladite impression, ses mémoires, pièces, collations et extraits tirez des registres
des déposts publics, des manuscripts, des bibliothèques et des auteurs, mesme les écrits dudit sieur De Lamare concernant ledit *Traitté
de la Police,* seront remis et délivrez par ses héritiers ou ayans cause
entre les mains de celuy qu'il aura présenté de son vivant à monseigneur le Premier Président et à monseigneur le Procureur Général, et qui aura esté par eux agréé pour la continuation dudit ouvrage ou qui sera par eux nommé, en cas que ledit sieur De Lamare
n'en ayt point présenté et fait agréer; et l'honoraire que monsei-

gneur le Premier Président et monseigneur le Procureur Général jugeront à propos de régler pour celuy qui sera chargé de ce travail sera payé sur la moitié desdites 20,000 et 10,000 livres destinée au payement des frais d'impression dudit *Traitté de la Police,* au moyen de quoy l'autre moitié desdites sommes des 20,000 et 10,000 livres appartiendra en entier auxdits héritiers et ayans cause dudit sieur De Lamare, aussi bien que ce qui pourra estre de la moitié destinée aux frais dudit ouvrage, lorsqu'il sera achevé d'imprimer; le privilége et le fonds dudit ouvrage, ensemble le produit de la vente qui en sera faite, seront partagés également par moitié, l'une pour ledit Hostel-Dieu, et l'autre pour ledit sieur De Lamare, ses héritiers ou ayans cause, et ce pendant ledit temps de vingt années seullement, après lesquelles expirées, ledit privilége, ledit fonds et le produit d'iceluy appartiendront en entier audit Hostel-Dieu. Sera néantmoins donné audit sieur De Lamare, par préciput, trente exemplaires de chaque volume qui s'imprimera dudit ouvrage, pour faire ses présens. Et attendu que ledit sieur De Lamare avoit vendu ce qui lui restoit d'exemplaires des deux premiers tomes imprimez de sondit *Traitté de la Police,* et en avoit touché le prix, il a esté convenu entre les partyes en faveur dudit Hostel-Dieu, par forme d'indemnité et de dédommagement, à la somme de quatre mille livres, et que cette somme sera retenue par ledit sieur Receveur sur ladite moitié des 20,000 livres accordée audit sieur De Lamare pendant les dix premières années, destinée pour lesdits frais de recherches, copistes et impressions; laquelle retenue sera de quatre cents livres par chacune des dix dites années. Le présent acte et la dellibération prise à ce sujet en l'assemblée générale des dits sieurs Administrateurs, tenue à l'Archevesché le 5 du présent mois, seront homologuez incessamment au Parlement. Car ainsy a esté convenu entre les partyes présentes et les sieurs Administrateurs audit nom.

Reçu, fait et passé audit Hostel-Dieu au Palais archiépiscopal, et par ledit sieur De Lamare en sa demeure, l'an mil sept cent seize, le dix neufviesme jour de février avant midy; et ont signé la minute des présentes demeurée à Mre Courtois l'un des notaires soussignez.

Ce traité, où le libraire Brunet ne trouva probablement pas son compte, donna lieu à des contestations. Dès l'année suivante, l'auteur, l'éditeur et les protecteurs de l'ouvrage ne s'entendant plus sur leurs droits et leurs devoirs respectifs, il intervint, à la date du 1er septembre 1717, une nouvelle délibération du Bureau de l'Hôtel-Dieu, que nous transcrivons ici :

Monseigneur le Premier Président a dit que, s'estant fait rendre compte, en présence de Monsieur le Procureur Général, de l'estat où se trouvoient les ouvrages du *Traité de la Police,* le s^r De Lamare a représenté que le 3e tome estoit prest à mettre sous la presse, et qu'il y seroit, sy la difficulté survenüe entre Brunet, libraire, et luy (à cause des conventions par écrit qu'ils avoient faites ensemble le 12e octobre 1713 pour l'impression), estoit réglée : ce qui n'ayant point esté fait, le s^r Brunet demande la résolution de cette convention, et qu'il porte son indemnité sy haut, qu'il sera plus avantageux à l'Hostel-Dieu d'agréer par la compagnie que ce marché ayt son exécution que d'attendre à partager la moitié dans le produit incertain du livre, après la vente faitte, et qu'au lieu de ce partage il soit retenu pour ledit Hostel-Dieu, pour aucunement le dédommager, une somme de 6,000 livres de chacun tome à la fin de l'édition de chacun desdits tomes, sur les 10,000 livres par an destinées par l'acte du 19 février 1716 pour le payement des frais de recherches, de copistes et d'impression, outre les 4,000 livres convenues par cet acte que l'Hostel-Dieu doit retenir pour les deux premiers tomes, au moyen de quoy les 3,000 livres que ledit s^r De Lamare retirera dudit marché luy appartiendront; et après avoir conféré sur le taux avec Monsieur le Procureur Général et entendu lesdits sieurs De Lamare et Brunet, en présence du sieur Rigaud, marchand libraire et imprimeur de l'Imprimerie royale, il estime que le Bureau doit agréer que le marché dudit jour 12 octobre 1713 soit exécuté, en retenant pour l'Hostel-Dieu, sur les 10,000 livres destinées pour les frais de la composition et impression dudit livre, 6,000 livres pour chacun tome, et que les 3,000 livres qui doivent estre payées par Brunet au commissaire De Lamare luy appartiennent : ce que la compagnie a approuvé et consenty, et a remercié Monseigneur le Premier Président et Monseigneur le Procureur Général de leurs attentions.

Ce fut fait et arresté au Bureau tenu à l'Archevesché le premier septembre 1717.

Signé De Mesmes et Joly de Fleury.

────────

Ce ne fut pas la seule difficulté née des traités du 12 octobre 1713 et du 19 février 1716. La publication des deuxième et troisième volumes, la réédition du premier, ainsi que les travaux de recherches et de copies nécessaires pour la composition de l'ouvrage, ayant occasionné des dépenses beaucoup plus considérables qu'on ne l'avait prévu, les parties contractantes s'entendirent, à la date du 22 mai 1722, pour régler tous les différends et arrêter tous les comptes. Le Bureau de la Ville fut encore représenté, dans cette transaction, par plusieurs anciens Échevins et juges consuls, ainsi que par le doyen des quarteniers de Paris. Nous extrayons de la pièce officielle, qui est fort longue, les passages suivants :

........D'autant que jusqu'à présent les frais de composition et de recherche du *Traité de la Police* ont esté entièrement faits par ledit sieur De Lamare et à ses despens; qu'il a fait avec le sieur Michel Brunet, libraire à Paris, un marché double sous leurs seings privez, le 12 octobre 1713, par lequel ledit sieur Brunet s'est chargé des frais de l'impression dudit traitté, et lequel lesdits sieurs Administrateurs ont agréé, suivant leur dellibération du 1er septembre 1717, ladite moitié desdites sommes de 20,000 et de 10,000 livres réservée et destinée aux frais de composition et impression dudit *Traité de la Police* ne se trouve plus chargée que des appointemens des commis et copistes que ledit sieur De Lamare a employés, lesquels mesme sont entièrement payés jusqu'au dernier mars 1722 présente année.

Ledit sieur De Lamare auroit demandé à compter, avec lesdits sieurs Administrateurs, de ce qui est écheu de ladite moitié réservée, montant à. . . . .   61,388^l 17^s 8^d depuis ledit jour 10 février 1716 jusqu'audit jour dernier mars dernier; et les auroit priés, quoyqu'aux termes du contrat dudit jour 19 février 1716 il ne puisse exiger le payement de ce qui peut rester de ladite moitié réservée, lesdits frais prélevés, qu'après l'impression dudit ouvrage, de vouloir bien luy payer ce qui en pourra rester deub par l'événement dudit compte, ce que lesdits sieurs Administrateurs ont accepté et eu pour agréable, à la prière et réquisition dudit sieur De Lamare, sans tirer néanmoins à conséquence pour ce qui écherra, à l'avenir, de la moitié desdites sommes de 20,000 et de 10,000 livres réservez pour les frais dudit ouvrage, et sans déroger audit contrat et aux autres conventions faites avec ledit sieur De Lamare; et pour y parvenir ont d'abord lesdites parties compté ensemble de la manière et ainsy qu'il ensuit :

Premièrement, ledit sieur De Lamare reconnoist qu'il a esté payé, sur les mandemens de mesdits seigneurs le Premier Président et Procureur Général du Parlement, aux commis qu'il a employés, pour leurs appointemens écheus depuis ledit jour 10 février 1716 jusqu'audit jour dernier mars dernier, savoir, par M. Favée, ancien receveur général dudit Hostel-Dieu, celle de 2,009¹ 1ˢ 8ᵈ

Et par Jean François Houdiart, écuier, conseiller secrétaire du Roy, controlleur de la grande chancellerie, à présent receveur général dudit Hostel-Dieu, celle de.................. 9,700¹ faisant lesdites deux sommes celle de........... 11,709¹ 1ˢ 8ᵈ suivant les quittances que lesdits commis en ont fournyes ausdits sieur Favée et sieur Houdiart, cy............. 11,709¹ 1ˢ 8ᵈ

Ledit sieur De Lamare reconnoist pareillement que ledit sieur Houdiart luy a payé, sur de pareils mandemens, la somme de .... 5,916¹ 17ˢ 6ᵈ en cinq payemens égaux de 1,183 livres 7 sols 6 deniers chacun, suivant les reconnoissances qu'il en a données audit sieur Houdiart ensuitte desdits mandemens, lequel payement s'est fait par rétention et déduction audit sieur De Lamare, ainsy qu'il sera expliqué en l'article suivant pour les causes y énoncées, cy...... 5,916¹ 17ˢ 6ᵈ

Plus ledit sieur De Lamare a touché le prix qui estoit provenu de la vente des exemplaires des deux premiers volumes dudit ouvrage, et a consenty, par le contrat ou traitté dudit jour 16 février 1716, pour indemniser l'Hostel-Dieu de sa portion dans le prix de ladite vente, qu'il fust retenu au proffit dudit Hostel-Dieu la somme de 4,000 livres sur ladite moitié en réserve desdits 20,000 livres accordez audit sieur De Lamare pendant les dix premières années, destinée aux susdits frais, laquelle retenue seroit de 400 livres par chacune desdites dix années. Plus ledit sieur De Lamare doit aussy audit Hostel-Dieu la somme de 7,833 livres 15 sols pour anciens loyers de la maison qu'il occupe susdite rue Nostre-Dame, appartenant audit Hostel-Dieu, suivant le compte fait double entre lesdits sieurs Administrateurs et luy devant ledit Courtois, notaire; ledit jour 19 février 1716, ensuitte d'un autre compte desdits loyers fait

et passé aussy double entre lesdits sieurs Administrateurs et ledit
sieur De Lamare et demoiselle Antoinette Savinas, sa femme, devant
ledit Courtois et son confrère, le 19 décembre 1714, laquelle somme
de 7,833 livres 15 sols, par ledit compte, ledit sieur De Lamare
avoit aussy consenty lui estre retenue pendant dix années consécutives, à raison d'un dixiesme par année, sur ladite moitié desdits
20,000 livres réservez, montantes lesdites sommes, de 4,000 livres
d'une part et 7,833 livres 15 sols d'autre, à la somme de 11,833 livres
15 sols, sur laquelle n'a encore esté retenu audit sieur De Lamare
que ladite somme de 5,916 livres 17 sols 6 deniers par luy, comme
dit est, touchée dudit sieur Houdiart; partant ledit sieur De Lamare
redoit encore pareille somme de *cinq mil neuf cent seize livres dix
sept sols six deniers,* que ledit sieur De Lamare, pour demeurer dès
à présent quitte envers ledit Hostel-Dieu, tant desdites 4,000 livres
d'une part que du restant desdits anciens loyers d'autre, consent
luy estre déduite pareillement, sur lesdits 61,388 livres 17 sols
8 deniers, cy . . . .   5,916^l 17^s 16^d

Plus encore, ledit sieur De Lamare ayant fait imprimer le troi-
siesme volume de sondit *Traité de la Police,* il doit indemniser l'Hostel-
Dieu de la somme de 6,000 livres, suivant la convention portée en
ladite dellibération du Bureau dudit Hostel-Dieu dudit jour 1er septembre 1717, par laquelle lesdits sieurs Administrateurs ont consenty
l'exécution dudit marché fait entre lesdits sieurs De Lamare et
Brunet, le 12 octobre 1713, et par laquelle ledit sieur De Lamare
a consenty estre retenu sur ladite moitié réservée la somme de
6,000 livres par chacun tome qui restoit à imprimer de sondit ouvrage à la fin de l'édition qui en seroit faite, affin que ledit Hostel-
Dieu ne fust point privé, par l'acquiescement qu'il avoit fait audit
marché, de la moitié qu'il devoit avoir du produit de la vente de
chaque volume dudit ouvrage, conformément au contrat dudit jour
18 février 1716 ; laquelle somme de 6,000 livres ledit sieur De La-

mare consent aussy luy estre déduitte sur celle de 61,388 livres 17 sols 8 deniers, cy......................... 6,000[1]

Toutes lesquelles sommes cy dessus tirées hors ligne et à déduire, comme dit est, sur lesdits 61,388 livres 17 sols 8 deniers deûs et écheûs de ladite moitié en réserve, depuis ledit jour 10 février 1716 jusqu'au dernier mars dernier, montantes à la somme de 29,542 livres 16 sols 8 deniers, reste deub audit sieur De Lamare seulement celle de 31,846 livres 1 sol, sur laquelle a esté, à l'instant et à la veüe des notaires soussignez, baillé et payé en louis d'or, d'argent et monnoye, le tout bon et ayant cours, par lesdits sieurs Administrateurs, par les mains dudit sieur Houdiart, à ce présent, audit sieur De Lamare, la somme de 1,846 livres 1 sol, dont quittance.

Et pour s'acquitter envers ledit sieur De Lamare des 25,000 livres de surplus, ont lesdits sieurs Administrateurs ceddé et transporté et promis garantir de tous troubles et empeschemens quelconques, excepté des faits du prince, audit sieur De Lamare ce acceptant, acquéreur, pour luy, ses hoirs et ayans cause, 625 livres de rente en deux parties avec leur principal au denier quarante de la somme de 25,000 livres : la première de 450 livres de rente à quoy du denier vingt cinq au denier quarante ont esté réduites, par acte passé devant Binois et son confrère, notaires à Paris, le 26 juillet 1720, 720 livres aussy de rente au principal de la somme de 18,000 livres, constituez sur les aydes et gabelles par Messieurs les Prévost des Marchans et Eschevins de cette Ville.

.......La seconde est de 175 livres aussy de rente, au principal de 7,000 livres au denier quarante, constituée aussy sur lesdites aydes et gabelles par lesdits sieurs Prévost des Marchans et Eschevins de cette Ville au proffit dudit Hostel-Dieu, par contrat passé devant Caillet et Baudouin, l'un des notaires soussignez, le 31 may 1721, faisant partie de celles créées par édit du mois de juin 1720;

pour desdites deux parties de rente jouir, faire et disposer, par ledit sieur De Lamare, sesdits hoirs et ayans cause, en toutte propriellé comme de chose leur appartenant, à commencer cette jouissance du premier jour de juillet de la présente année.

Et à cette fin lesdits sieurs Administrateurs ont subrogé ledit sieur De Lamare en leur lieu et place, et luy ont à l'instant dellivré les grosses en parchemin desdits deux contrats de constitution visées en exécution de l'arrest du 26 janvier 1721.

.........Et au moyen des présentes, les parties demeurent respectivement quittes de touttes choses jusqu'audit jour dernier mars dernier, sans préjudice, comme dit est, de ce qui reste à exécuter du contrat dudit jour 19 février 1716 et autres conventions faites depuis entre elles, consentant que mention soit faite desdites présentes, en leur absence, sur les minutte, grosse et expédition dudit contrat, sur les doubles desdits comptes des 19 décembre 1714 et 19 février 1716, minutte et expédition desdites dellibérations, et sur touttes autres pièces que besoin sera, par tous notaires et officiers requis.

Après la mort du commissaire De Lamare, survenue le 25 avril 1723, le commissaire Le Cler-du-Brillet, qui était, depuis plusieurs années, associé à ses travaux, fut chargé de les continuer, et composa le quatrième volume, qui traite de la voirie. Lorsque le moment de le publier fut arrivé, Le Cler-du-Brillet, qui avait signé son œuvre, et qui se considérait probablement comme libre de l'éditer à sa fantaisie, se fit, au mépris des droits de l'Hôtel-Dieu, délivrer un privilége pour l'impression et le débit de l'ouvrage. Informés de ce fait, les maîtres Gouverneurs et Administrateurs prirent, à la date du 4 septembre 1731, une délibération par laquelle, « considérant que, aux termes de « l'acte du 19 février 1716, les privilége, fonds et produit du *Traité de la Police* « doivent appartenir en entier à l'Hôtel-Dieu, et que le sieur Le Cler, nommé « pour la continuation de cet ouvrage, a *surpris* des lettres de privilége pour

« la suite de l'impression dudit traité, » ils arrêtent et décident « de faire signifier
« aux sindics des libraires qu'ils s'opposent à l'enregistrement dudit privilége sur
« les registres de leur communauté. » La signification fut faite, le 17 novembre
suivant, par exploit de l'huissier Lhoste, et l'impression du volume, suspendue
pendant trois ans. Ce n'était point ce qu'avaient entendu les premiers protecteurs de l'ouvrage, et l'Hôtel-Dieu se montrait, en cette circonstance, plus
soucieux de ses propres intérêts que de ceux du *Traité de la Police,* oubliant
ainsi que « l'augmentation du neuvième, » dont il bénéficiait depuis 1716, lui
avait été accordée, en partie, pour subvenir aux frais de cette publication. Le
Cler-du-Brillet fit ses représentations en conséquence, et obtint gain de cause :
les Administrateurs de l'Hôtel-Dieu donnèrent mainlevée de leur opposition,
lorsqu'il leur fut démontré que les frais de l'ouvrage en excéderaient probablement le produit. Voici le texte de cette nouvelle délibération :

EXTRAIT DES REGISTRES DU BUREAU DE L'HÔTEL-DIEU DE PARIS.

Du mardy 13 juillet 1734.

A esté dit qu'en conséquence des actes passés entre le Bureau et
le feu sieur De Lamare, commissaire au Chastelet de Paris, les 19 fé-
river 1716 et 22 may 1722, au sujet de la composition et de l'impression du *Traité général de la Police,* le sieur Le Cler, qui travailloit audit traité avec ledit sieur De Lamare, a esté par luy présenté à Monsieur le Premier Président et à Monsieur le Procureur
Général, qui l'auroient agréé pour continuer et achever ledit traité
après la mort dudit sieur De Lamare; que ledit sieur Le Cler,
depuis que ledit sieur De Lamare est décédé, a obtenu en son nom
le privilége pour l'impression d'un volume dudit traité; que le
Bureau, ayant cru qu'aux termes des actes passés avec ledit feu
sieur De Lamare, l'Hostel-Dieu devoit avoir la moitié de tout l'ouvrage et de ce qu'il devoit produire pendant vingt années, et, après
l'expiration des vingt années, de la totalité tant du fonds de l'ouvrage
que du produit, le Bureau avoit jugé à propos de former opposition,
entre les mains du Sindic des Libraires, à l'enregistrement du privi-

lége obtenu par ledit sieur Le Cler, mais que, ledit sieur Le Cler ayant présenté un mémoire des dépenses par luy faites pour parvenir à la composition dudit volume, desquelles dépenses il prétendoit estre remboursé par l'Hostel-Dieu, s'il vouloit user de son droit, ce qui n'ayant pas esté trouvé avantageux pour l'Hostel-Dieu, attendu que lesdites dépenses montoient à une somme très-considérable, et qu'il y a sujet d'apréhender qu'elle n'excède ce que le débit dudit *Traité de la Police* pourroit produire, la Compagnie a arresté qu'il sera incessamment donné audit sieur Le Cler une mainlevée de l'opposition formée, au nom de l'Hostel-Dieu, à l'enregistrement dudit privilége, et que M. le Receveur paiera audit sieur Le Cler, sur les mandemens de Monsieur le Premier Président et de Monsieur le Procureur Général, la somme de 5,000 livres par an, pour ce qui en est écheu jusqu'à présent, si Monsieur le Premier Président et Monsieur le Procureur Général trouvent à propos de la luy accorder; lequel paiement luy sera continué, sur de pareils mandemens, pour ce qui échéra jusqu'au 10 février 1736 que tous les paiemens doivent cesser, à condition que ledit sieur Le Cler ne pourra présentement ny à l'avenir prétendre aucune autre chose contre l'Hostel-Dieu, sous prétexte de dépenses par lui faites, ny pour quelqu'autre cause que ce soit; pour raison de quoy il sera passé un acte devant notaires.

Délivré par moy Greffier du Bureau de l'Hostel-Dieu soussigné.

TERRIÉ.

Le contrat authentique dont il est parlé à la fin de cette pièce fut dressé, en effet, le 20 du même mois, par MM^{es} Soupet et Crestiennot, notaires au Châtelet de Paris. Le Receveur de l'Hôtel-Dieu s'engagea à « payer audit s^r Le Cler « cinq mille livres par an, pour ce qui est échu » de la subvention accordée à feu Nicolas De Lamare, et à « continuer de luy payer ce qui en échéra jusqu'au « 10 février 1736, que doivent cesser lesdits paiemens. »

Privé du secours qui avait rendu possible la composition et la publication des quatre premiers volumes, Dupré, le second continuateur du *Traité de la Police*, ne put que réunir et mettre en ordre les nombreux matériaux laissés par De Lamare. Il est résulté de ce travail une collection considérable qui est conservée à la Bibliothèque impériale (département des Manuscrits) et que M. le Sénateur Préfet de la Seine a fait étudier pendant cinq années (1861-1865), afin de savoir quel pourrait être le meilleur parti à en tirer.

VII

DÉLIBÉRATION DU BUREAU DE LA VILLE RELATIVE A LA CRÉATION
D'UN EMPLOI D'HISTORIOGRAPHE DE LA VILLE DE PARIS. — NOMI-
NATION DE BONAMY À CET EMPLOI.

(Arch. de l'Emp. H 1855, fol. 483 v°.)

20 et 22 avril 1734.

Nous Michel-Estienne Turgot, Chevalier, Seigneur de Soumont,
Bons, Ussy, Potigny, Perrières, Brucourt et autres lieux, Conseiller
du Roy en ses conseils, Président au Parlement et en la seconde
Chambre des requestes du Palais, Prévost des Marchans, et les Eschevins de la Ville de Paris, assemblés au Bureau de la Ville avec le Procureur du Roy et de ladite Ville pour les affaires d'icelle, Nous aurions
mis en considération qu'une des parties de nos obligations, qui n'est
pas la moins essentielle, consiste dans la transmission à la postérité
des événemens les plus importans qui intéressent cette capitale du
royaume, et en particulier l'Hostel de cette Ville : en effet, la satisfaction avec laquelle le monde entier s'instruit par la lecture de
divers ouvrages mis au jour jusqu'à présent, sous le nom d'Antiquités, d'Annales, d'Histoires, sembleroit Nous rendre responsables de
la perte que feroient les siècles futurs de tant de faits en même
temps curieux et utiles. Ce n'est que par une histoire complette,
tant pour l'exactitude que pour l'intégrité des recherches qui la com-
poseront, que, sans les compilateurs qui jusques icy ont travaillé,
Nous pourrons y parvenir. D'un costé, Nous donnerons lieu de réunir, sous un mesme point de vue et dans un mesme corps d'ouvrage,
tant d'époques mémorables dispersées; de l'autre, les citoyens et les

savans de toutes nations verront leurs doutes anéantis sur les fastes qui divisent leurs opinions; enfin nos successeurs n'auront qu'à suivre une routte qu'il seroit très préjudiciable de différer de leur tracer. A l'égard d'une histoire particulière de l'Hostel de Ville, il est également de nostre devoir d'en procurer une qui, quoyque la première en ce genre, peut estre un chef-d'œuvre, pour son auteur y placer tant de faits glorieux qui caractériseront, d'une manière unique, et le lieu et les officiers qui ont eu et auront l'honneur d'estre choisis ou préférés pour l'administrer, parmy lesquels faits un si souvent répété est la présence de son Roy et de son mérite. Il y tracera les faveurs, les graces et les priviléges dont tant de monarques ont distingué les bourgéois et les habitans de cette célèbre Ville, l'empressement avec lequel ils les y ont maintenus successivement et leur désir de trouver des occasions de leur en accorder de nouveaux, sentimens qu'il peindra imprimés vivement dans le cœur du Roy sous le règne de qui nous avons le bonheur de vivre.

C'est donc pour remplir des idées aussi relevées et aussi étendues, que Nous, ouy et ce consentant le Procureur du Roy et de la Ville, avons délibéré, arresté et ordonné, délibérons, arrestons et ordonnons qu'il sera par Nous estably et nommé une personne pour composer deux corps d'histoire, l'une de la Ville de Paris, et l'autre de l'Hostel de ladite Ville, tant du passé jusqu'à présent que pour l'avenir, avec le titre d'historiographe de ladite Ville, aux honnoraires de la somme de quinze cens livres pour chacune année, payable de trois mois en trois mois par le receveur des domaines, dons, octroys et fortifications de ladite Ville, laquelle somme luy sera passée et allouée dans la dépense de ses comptes; que ledit historiographe sera tenu de nous communiquer tant les projets qu'il aura formés pour parvenir à la composition des corps d'histoire, que les histoires, toutesfois et quantes il en sera par Nous requis; comme aussi que lesdites histoires appartiendront à ladite Ville en manuscrit, pour par Nous en faire tel usage que Nous adviserons bon estre, les dédier à qui il appartiendra, les faire imprimer, si Nous le jugeons à propos, aux dépens de ladite Ville, et obtenir à cet effet tout privilége nécessaire en nostre nom; et voulons bien, en cas d'impression, en donner audit historiographe vingt-quatre exemplaires reliés aux armes du Roy et de ladite Ville, sans pouvoir par ledit historiographe faire faire ladite impression en son nom ou autrement, ny obtenir et demander aucun privilége pour raison de ce, sur quelque prétexte que ce puisse estre, mesme sur celuy que ce seroit à ses frais et dépens. Et, en cas de décès dudit historiographe, toutes les compositions desdites histoires et les matériaux qui se trouveront parmy ses effets appartiendront en entier à la Ville, dont ledit historiographe sera tenu de faire sa soumission au greffe, ensuite de la minutte du brevet de commission, qui luy sera par nous expédiée; et sera tenu ledit historiographe de prester en nos mains le serment de bien et fidèlement composer les histoires, de n'y écrire ny directement ny indirectement contre les intérests et le bien de l'Estat, du Roy et de ladite Ville.

Fait au Bureau de ladite Ville, le 11 avril 1734.

Signé TURGOT, MILLON, LE FORT, FAUCONNET DE VILDÉ, JOSSET et MORIAU.

NOMINATION DE BONAMY A L'EMPLOI D'HISTORIOGRAPHE DE LA VILLE DE PARIS.

(Registres du Bureau de la Ville, H 1855.)

22 avril 1734.

A tous ceux qui ces présentes lettres verront, Michel-Estienne

Turgot, Chevalier, Seigneur de Soumont, Bons, Ussy, Potigny, Perrières, Brucourt et autres lieux, Conseiller du Roy en ses conseils, Président au Parlement et en la Chambre des requestes du Palais, Prévost des Marchans, et les Eschevins de la Ville de Paris, salut. Sçavoir faisons que par nostre délibération du vingt avril, présent mois, Nous avions ordonné qu'il seroit par nous estably et nommé une personne pour composer deux corps d'histoire, l'une de la Ville de Paris et l'autre de l'Hostel de ladite Ville, tant du passé jusqu'à présent que pour l'avenir, avec le titre d'historiographe de ladite Ville. Pour ces causes et autres à ce Nous mouvans, et Nous duement informez des bonnes vie, mœurs, conversation, religion catholique, apostolique et romaine, sens, suffisance, capacité, expérience, fidélité et affection au service du Roy de la personne du sr Pierre-Nicolas Bonamy, de l'Académie Royale des Belles Lettres, demeurant en cette Ville, rue Culture Ste Catherine, parroisse de St Paul, agé de quarante ans, natif de Louvre en Parisis; iceluy Sr Bonamy, ouy et ce consentant le Procureur du Roy et de la Ville, avons estably et nommé, establissons et nommons pour historiographe de la Ville, et en cette qualité composer deux corps d'histoire, l'une de la Ville de Paris, et l'autre de l'Hostel de ladite Ville, tant du passé jusqu'à présent, que pour l'avenir, de la manière et ainsi qu'il est plus au long expliqué en nostre délibération, et aux charges, clauses et conditions y portées, et d'en faire à cet effet sa soumission au greffe de ce Bureau; auquel Sr Bonamy avons acordé la somme de quinze cens livres par chacun an pour ses honoraires, laquelle somme lui sera payée à compter du premier may prochain par Jacques Boucot, Écuyer, Conseiller du Roy, receveur des domaines, dons, octroys et fortifications de la Ville, de trois en trois mois; avons dudit Sr Bonamy, pour ce présent, pris et reçu le serment au cas requis et accoutumé de bien et fidèlement composer les deux corps d'histoire et de se conformer exactement à ce qui est prescrit par nostre délibération du vingt du présent mois. En tesmoin de quoy, Nous avons fait mettre à ces présentes le scel de ladite Prévosté des Marchans.

Fait au Bureau de la Ville, le 22ᵉ avril 1734.

Signé TURGOT, MILLON, LE FORT, FAUCONNET DE VILDÉ, JOSSET et MORIAU.

——————

Et le mesme jour vingt deux avril mil sept cent trente quatre, est comparu au greffe de l'Hostel de Ville de Paris, le sʳ Pierre-Nicolas Bonamy, de l'Académie royale des Belles Lettres, demeurant susdite rue Culture Sainte Catherine, lequel, après avoir pris communication de la délibération du Bureau dudit jour vingt avril dernier et du brevet de commission des autres parts, a promis et s'est obligé de composer les deux corps d'histoire y mentionnés, l'un de cette Ville et l'autre de l'Hostel de ladite Ville, de communiquer au Bureau tous les projets qu'il aura formés pour parvenir à la composition desdits corps d'histoire, toutesfois et quantes il en sera requis par le Bureau; lesquelles histoires appartiendront à la Ville en manuscrit, pour en faire tel usage que le Bureau avisera bon estre; qu'en cas de décès dudit sʳ Bonamy, toutes les compositions desdites histoires et les matériaux qui se trouveront parmi ses effets appartiendront à ladite Ville en entier, sans pouvoir, par le Sʳ Bonamy, faire faire l'impression des histoires en son nom, demander ni obtenir aucun privilége pour raison de ce, sur quelque prétexte que ce soit, mesme

sur celuy que ce seroit à ses frais et dépens. Et pour l'entière exécution de tout ce qui est porté par ladite délibération, il a, conformément à icelle, fait ses soumissions requises et accoutumées, et
éleu son domicile en sa demeure susdite, et a signé.

Signé BONAMY.

VIII

DÉLIBÉRATION DU BUREAU DE LA VILLE PORTANT QU'IL SERA DRESSÉ
UN INVENTAIRE GÉNÉRAL DES CHARTRES, TITRES, MINUTTES, COMP-
TES, PLUMITIFS, REGISTRES, PLANS, MÉMOIRES, PAPIERS, ETC. ESTANT
AU GREFFE ET DANS D'AUTRES ENDROITS DE L'HOSTEL DE VILLE.

(Arch. de l'Emp. H 1856, fol. 135.)

23 mars 1735.

A tous ceux qui ces présentes lettres verront, Michel-Estienne
Turgot, Chevalier, Seigneur de Soumont et autres lieux, Conseiller
du Roy en ses conseils et Président au Parlement de la seconde
Chambre des requestes du Palais, Prévost des Marchans; Jean-Claude
Fauconnet de Vildé, conseiller du Roy et de la Ville, avocat en la
cour, expéditionnaire de cour de Rome et des légations d'Avignon;
Claude-Augustin Josset, Écuyer, Conseiller du Roy, avocat en la cour,
expéditionnaire de cour de Rome et des légations d'Avignon; Claude-
François Petit, Écuyer, Conseiller du Roy, quartinier, et Jean-Baptiste de Santeul, Écuyer, Eschevins de la Ville de Paris, salut. Sçavoir faisons que, sur ce qui Nous a été remontré par Antoine Moriau,
Écuyer, Procureur du Roy et de la Ville, qu'un des points les plus
essentiels, dignes de l'attention que Nous donnons continuellement à
l'administration qui Nous est confiée, consiste dans la confection
d'un inventaire exact des chartres, titres, minuttes, comptes, plumitifs, registres, plans, mémoires et papiers estant soit au greffe ou
dans d'autres endroits de l'Hostel de Ville, comme aussi du buffet d'argent, vermeil doré, vaisselle aussy d'argent, des tableaux et meubles de toute nature estant audit Hostel de Ville, pour iceux estre

remis à la garde dudit greffier, concierge garde, des meubles et des salles et étappes dudit Hostel de Ville, ce qui ne paraist avoir esté observé que rarement et très-imparfaitement, ou lors des mutations de quelqu'un des greffiers qui ont jusqu'ici précédé Me Jean-Baptiste-Jullien Taitbout, actuellement pourvu dudit office, ou dans d'autres temps; que c'est dans ces veües que Nous avions déjà fait disposer une grande partie des lieux nécessaires pour y renfermer les chartres, titres, minuttes, comptes, plumitifs, registres, plans, mémoires et papiers, en sorte qu'ils puissent estre conservés à la postérité avec beaucoup de soin; que cet inventaire, consistant d'une part en un répertoire, servira pour en charger le greffier, de l'autre, et par une opération particulière, en une ample description, Nous mettra en estat d'y recourir avec la facilité et la promptitude indispensablement nécessaires pour l'intelligence et l'expédition de toutes les affaires concernant le service du Roy, ceux du public en général, des bourgeois et habitans de cette Ville, et enfin ladite administration en particulier; que, pour opérer cet inventaire, il auroit cherché à découvrir ceux qui ont pu estre faits jusqu'à présent et dont les calamités des guerres ont indubitablement dissipé les plus certains vestiges; qu'il en est cependant dont l'énumération peut servir d'instruction pour parvenir à celuy qu'il Nous propose, et en faire connoistre le besoin absolu.

Le 23 aoust 1505, Me Jacques de Rebours, Procureur général de la Ville, ayant résigné son office à Me Jean Radin, une charge des élection et réception dudit Radin fut que, avant qu'il fust mis en possession dudit office, inventaire seroit fait tant des lettres et chartres, que de l'artillerie et autres biens appartenant à ladite Ville, estant audit Hostel de Ville, que ledit Rebours avoit en sa possession, et de par icelle en garde, et, ce fait, les bailleroit audit Radin, qui en feroit bonne garde et ne les alienneroit ne distribueroit que par ordonnance de nos prédécesseurs, tout ainsy que ledit Rebours les avoit.

En l'année 1523, des titres, lettres et papiers et documens se trouvoient perdus. Nos prédécesseurs, le Procureur du Roy et de la Ville, le greffier et le receveur et autres officiers de la Ville......

........ainsy qu'il résulte d'un arrest de la cour du 12 juin de la mesme année, qui en ordonne les raports et remise en l'Hostel de ladite Ville et qu'il en sera fait inventaire.

L'expédition cy après, signée Bailly, fait mention, à la cote 169, d'un inventaire en papier, signé Hélye et P. de Thonneray, de ce qui a esté baillé à Mᵉ Pierre Perdrier, greffier de la Ville, après sa réception audit office. Elle fait semblable mention, cote 8, d'un inventaire, signé Beaugendre, des registres du greffe d'en bas de l'Hostel de Ville, à cause des aydes appartenans à ladite Ville, au-dessous duquel inventaire appert que François Beaugendre confesse avoir receu de M. de Bobigny, greffier de la Ville de Paris, les registres mentionnés par ledit récépissé, lequel il promet rendre; daté du 26 février 1551.

Le 8 juillet 1552, le scélé fut apposé, à la requeste de nos pré-décesseurs, en la maison dudit Mᵉ Pierre Perdrier, notaire et secré-taire du Roy et greffier de ladite Ville, sise en cette Ville entre les rues Sᵗ Avoye et des Blancs Manteaux, qui estoit décédé; et inventaire fut dressé le 9, en présence de l'un de nos prédécesseurs, Eschevin. et du Procureur du Roy et de la Ville, des papiers, lettres, titres, registres et enseignemens concernant le domaine et autres affaires de ladite Ville, et le tout ensuite remis en l'Hostel de ladite Ville et baillé et délivré à nos prédécesseurs, qui s'en chargèrent en la pré-sence dudit Procureur du Roy et de la Ville, et de Mᵉ Jean Perdrier, seigneur de Bobigny, fils dudit défunt, qui en fut déchargé, ce qui est justifié par une expédition délivrée par Mᵉ Jean Bailly, examina-teur ordinaire de par le Roy au Chastelet de Paris.

Le P. Jacques Du Breul, Parisien, religieux de Saint Germain des Prez, dans son *Théastre des antiquitez de Paris*, imprimé en cette Ville, l'an 1639, par la Société des imprimeurs, livre 3, page 752, cite un inventaire des titres de l'Hostel de Ville fait par M⁰ Jehan Poussepin en 1583, et en rapporte mesme quelques fragmens.

On trouve un registre qui est timbré sur la couverture de 1602, intitulé : « Inventaire des édits, lettres, priviléges, contrats, comptes « rendus, rachats de rente et autres titres et pièces concernant tant « le domaine patrimonial, dons et octroys, rentes constituées sur « l'Hostel de ladite Ville, qu'autres affaires concernant le bien d'icelle, « par Guillaume Clément, commis au greffe de ladite Ville. » Ceux de nos prédécesseurs, par l'ordonnance et le commandement de qui il est énoncé que ledit inventaire a esté fait, estoient en magistrature dans les années 1600, 1601 et en ladite année 1602.

Le 5 avril 1610, nos prédécesseurs firent marché avec Jehan de la Haye, orphevre du Roy, de faire et faire refaire, par ledit sieur de la Haye, toute la vaisselle d'argent cy énoncée, pour le présent qui sera fait et donné par ladite Ville à la Reyne, lors de son entrée le 13 may de la mesme année. Deux de nos prédécesseurs furent commis et députés avec le greffier de la Ville, pour eux transporter en la maison dudit sr Jean de la Haye, pour faire peser et recevoir ladite vaisselle d'argent doré, ce quy ayant esté exécuté et trouvé que le tout revenait à la quantité de 484 marcs d'argent, une once, deux gros, ils l'enlevèrent et firent porter en l'Hostel de la Ville, où elle fut mise dans l'une des chambres dudit Hostel de Ville, et baillée en garde et possession du sr Clément, greffier d'icelle Ville.

La Reyne ayant donné à la Ville ledit buffet de vaisselle d'argent, délibération est intervenue le 4 février 1612, sur la remonstrance de Claude Letourneau, receveur du domaine, dons, octroys de ladite Ville, par laquelle nos prédécesseurs auroient ordonné que, pour mémoire perpétuelle à la Ville de l'entrée de la Reyne, qui se devoit faire en cette Ville le 16 mai 1610, ledit buffet d'argent demeureroit en meubles à la Ville, pour y servir aux occasions qui s'y présente-roient, et dont le concierge et garde des meubles d'icelle demeureroit chargé, sans qu'à l'avenir il pust estre vendu, engagé ny détourné pour quelque cause ou occasion que ce fust; et, à cette fin, qu'il seroit présenté requeste à la Chambre des Comptes, afin d'avoir agréable la délibération, et vouloir décharger la souffrance tenue sur les deux parties de comptes du receveur du domaine, dons et octroys de ladite Ville, et restablir les deux parties auxdits comptes du receveur de la Ville, et de leur donner acte de la délibération, laquelle seroit enregistrée en ladite chambre.

. . . .

Le 1ᵉʳ aoust 1634, Mᵉ Martin Le Maire fut receu en l'office de greffier de ladite Ville, sur la résignation à luy faite par Mᵉ Martin Clément, à condition, entre autres choses, que ledit Le Maire demeureroit chargé du buffet d'argent de ladite Ville, selon l'inventaire par écrit qui en seroit à cette occasion fait et dressé, dont luy seroit baillé copie, ce qui fut réitéré, le 4, dans l'assemblée générale tenue à cet effet.

Ledit Mᵉ Martin Le Maire ayant résigné son office de greffier à Mᵉ Jean-Baptiste Langlois, son beau-frère, à condition de survivance, ledit Langlois fut receu le 20 avril 1660, et une des charges fut que lesdits Le Maire et Langlois conjointement seroient chargés du buffet d'argent vermeil doré de ladite Ville, et que l'inventaire fait lors de la réception dudit Le Maire seroit signé dudit Langlois, et encore que ledit Langlois se chargeroit des papiers et titres de la Ville qui estoient ez chambres dudit Hostel de Ville nommées *le Grand* et *le Petit Trésor*, mentionnez en l'inventaire déposé ez mains dudit Le Maire, desquels recollement seroit fait en présence du sʳ Le Vieux, l'un de nos prédécesseurs, Eschevin, et du Procureur du Roy et de la Ville.

L'article 22 du chapitre 33 de l'ordonnance du mois de décembre 1672, registrée au Parlement le 20 février 1673, ordonne que, lors du décès ou changement de greffier de ladite Ville, il sera fait un in-

ventaire et description par Nous, en présence du Procureur du Roy
et de la Ville, de toutes les minuttes, registres, titres et papiers estant
au greffe, pour estre remis au greffe à la garde du greffier qui entrera en fonction.

Ledit Mc Langlois estant décédé au mois de janvier 1681, il fut
observé, entre autres choses, par feu Monsieur de Pomereu, Prévost
des Marchans, à une assemblée générale tenue le 6 juillet de la
mesme année, que ledit Me Langlois n'auroit point fait faire de registre depuis le mois d'aoust 1672, et qu'il avoit seulement fait transcrire les minuttes des actes du Bureau jusqu'au mois de mai 1667,
pour en composer des registres, et qu'il seroit très avantageux à la
Ville de faire continuer le répertoire commencé par ledit deffunt
Me Martin Le Maire, lequel n'alloit que jusqu'en l'année 1651, et de
faire aussy continuer l'inventaire que M. Le Pelletier, cy devant
Prévost des Marchans, avoit aussy fait faire des titres et archives de
ladite Ville; de faire faire des tables aux registres de la Ville, où il n'y
en avoit point, et d'en faire relier la plus grande partie, qui avoient
besoin d'estre reliés et mis en meilleur estat; que, dans les chambres
dudit Hostel de Ville appelées le Grand et le Petit Trésor, il avoit reconnu qu'il y avoit une infinité de registres, papiers et acquits, la
pluspart fort anciens, dans une confusion si grande qu'il estoit impossible, quand on en avoit besoin, de trouver ceux que l'on cherchoit;
mais, comme cela ne se pouvoit faire qu'avec beaucoup de temps et
une dépense considérable à ladite Ville, laquelle, au moyen du décès
dudit s^r Langlois et de l'estat de ses affaires, se trouvoit encore obligée de fournir ce dont il avoit pu estre tenu, il avoit estimé devoir
prendre les avis de la compagnie, avant que d'entreprendre tous les
ouvrages; sur quoy il fut unanimement arresté que le Bureau donne-
roit ses ordres pour y faire incessamment travailler, et pour faire
mettre par ordre et placer dans des armoires fermantes à clef et sur
des tablettes les comptes du domaine de ladite Ville, les registres du

payement des rentes, titres, papiers et acquits, estant dans lesdites chambres du *Grand* et du *Petit Trésor* audit Hostel de Ville, et faire faire tout ce qu'il jugera nécessaire pour faire faire lesdits ouvrages. Pour quoy seroient payées, en vertu des mandemens du Bureau, toutes les sommes qu'il conviendroit, lesquelles seroient passées et allouées en la dépense des comptes du receveur, sans difficulté.

Il y a lieu de penser que c'est en conséquence qu'a esté fait un registre en veau intitulé : « Inventaire général de tous les registres, « titres et papiers concernant le domaine patrimonial, cens, fonds de « terre, octroys et autres droits appartenant à la Ville de Paris, rentes « et autres affaires publiques, estant en l'une des chambres de l'Hostel « de ladite Ville appelée *le Grand Trésor,* et qui ont esté mis par ordre, « étiquetés, enliassés et placés dans des armoires et sur des tablettes « posées à cet effet en ladite chambre, par ordre de Mᵉ Auguste-Robert « de Pomereu, Chevalier, Seigneur de la Bretesche Saint-Nom, Con- « seiller d'Estat ordinaire, Prévost des Marchans, et de Messieurs Le « Brun, Gamarre, Chauvin et Parque, Eschevins de ladite Ville. »

Mᵉ Martin Mitantier ayant résigné ses offices de greffier et con- cierge de ladite Ville, intervint jugement, le 9 aoust 1698, sur le ré- quisitoire du Procureur du Roy et de la Ville, portant qu'en sa pré- sence il seroit, par le sʳ Mathurin Barroy, Conseiller du Roy, quartinier et premier Eschevin, le jour de la réception de Mᵉ Jean-Baptiste Taitbout audit Bureau de ladite Ville esdits offices, fait estat et dressé procès-verbal des Registres du Bureau de la Ville, et de ceux concer- nant les rentes estant dans le cabinet qu'occupoit ledit Mitantier, ledit Taitbout présent, pour par luy se charger des registres, ensemble de deux coffres où estoient les deniers restant du prix des charges de payeurs de rentes de ladite Ville, dont les sieurs Le Semelier et Pelard estoient pourveus, estant en la chambre du trésor audit Hostel de Ville, fermés à trois clefs, qui luy seroient indiqués par ledit Mitantier, dont seroit fait mention dans ledit procès-verbal, pour par ledit Taitbout représenter les registres et coffres, touttesfois et quantes qu'il en seroit requis par ledit Bureau ; et en conséquence ledit procès-verbal auroit esté dressé le 11 des mesmes mois et an. Par le procès-verbal, le tout auroit esté laissé en la garde et possession dudit Taitbout, qui auroit promis le représenter toutesfois et quantes que besoin seroit ; et par jugement du 13, il fut receu audit office, à la charge par luy de se charger des déposts estant au greffe de la Ville, tant pour la capitation que pour autres causes, de faire faire les registres des dernières années dont ledit greffier est tenu, de ne pouvoir estre installé qu'après s'estre chargé tant du buffet et autres meubles appartenant à la Ville, que des titres, registres, minuttes, et papiers dudit greffe ; ce qui a esté exécuté, ainsy qu'il résulte du procès-verbal dudit jour, ordonné par ledit jugement du 9 des mesmes mois et an.

Le 20 mars 1710, il a esté fait un estat intitulé : « Le mémoire de « la vaisselle d'argent qui est entre les mains de M. Duparque, maistre « d'hostel de la Ville. » Ensuite de cet estat, il est dit que les pièces d'argenterie y contenues, montant à deux cens marcs d'argent, ont esté mises en la garde et possession du greffier de la Ville, qui s'en est chargé pour estre remises ès mains dudit s^r Duparque, sous son récépissé, qu'il remettra entre les mains dudit s^r greffier. Cet acte est émané de nos prédécesseurs, ce requérant ledit Procureur du Roy et de la Ville.

Le 13 aoust 1711, Me Jean-Baptiste Taitbout estant décédé, les scellés furent apposés, à la requeste du Procureur du Roy et de la Ville, par le s^r Chauvin, alors Eschevin, en conséquence d'un jugement rendu sur son réquisitoire ; et, le lendemain 14, dame Jeanne Clément, veuve dudit s^r Taitbout, et le s^r Jean-Baptiste-Julien Taitbout, son fils, ayant fait la soumission d'abondant énoncé audit procès-verbal, promis conjointement et solidairement de représenter tous les titres, registres, argenteries appartenant à ladite Ville et concernant le greffe dont ledit deffunt pouvoit estre chargé, toutesfois et quantes que requis en seroient, ledit s^r Chauvin, du consentement dudit Procureur du Roy et de la Ville, leva et osta les scellés, en exécution d'une ordonnance du mesme jour.

Le Procureur du Roy et de la Ville Nous auroit ensuite observé que ces autorités, qu'il Nous a citées, lui ont fourny des réflexions qui feront connoistre de quelle importance il est de parvenir le plus tost possible à un inventaire général solide, et tel qu'il seroit à souhaiter qu'il eust esté fait des temps les plus reculés, et continué jusqu'à présent.

L'ordonnance du feu Roy Charles VI, de glorieuse mémoire, sur le fait de nostre juridiction, du mois de février 1415, expose que plusieurs lettres, chartres et autres enseignemens faisant mention d'icelles, avoient esté perdues ou adirées, tellement qu'on ne les avoit pu bonnement recouvrer de ceux qui les avoient engarde, « pour ce « qu'aucuns d'eux estoient pieçà allés de vie à trespassement et leurs « biens transportés en divers lieux, et les autres estoient allés demeu- « rer en lieux lointains. »

On ne trouve point jusqu'à présent l'inventaire ordonné estre fait le 23 aoust 1505, avant la mise en possession de Me Jean Radin de l'office de Procureur du Roy et de la Ville, des lettres et chartres de l'artillerie et autres biens appartenant à la Ville estant audit Hostel de Ville, que Me Jacques Rebours avoit en sa possession, et de par icelle en garde; on n'a pas plus de connoissance que ledit Me Jean Radin s'en soit chargé, ainsy qu'il avoit esté présent.

En l'année 1523, les titres, lettres, papiers et documens estoient dispersés; on ne peut dire si le rapport en fut fait, et aussy s'il en fut pareillement fait un inventaire, ainsy qu'il avoit esté ordonné par arrest de la cour du 12 juin de la mesme année.

Il ne paroist aucun vestige de l'inventaire de ce qui avoit esté donné à Me Pierre Perdrier, greffier de la Ville, après sa réception audit office, lequel inventaire est mentionné sous la cote 69 de celluy fait par Me Jean Bailly, examinateur ordinaire au Chastelet de Paris, après le décès dudit Me Perdrier.

Il en est de mesme de celuy en papier, signé Beaugendre, des registres du greffe d'en bas de l'Hostel de Ville à cause des aydes appartenant à la Ville, et du récépissé dudit Beaugendre estant au-dessous d'iceluy, le tout relaté sous la cote 8 dudit inventaire fait par ledit Bailly.

Ledit inventaire, fait après le décès dudit Me Perdrier, énonce beaucoup de pièces dont les quantités n'ont point esté désignées, et dont les qualités sont exprimées d'une manière très-vague et très-générale.

Celuy que le P. F. Jacques Du Breul, religieux de Saint Germain des Prez, cite avoir esté fait par Me Jean Poussepin, en l'année 1583, ne se trouve point.

Celuy fait par Guillaume Clément, commis au greffe de la Ville, n'est point entier, n'a point esté continué et n'est revestu d'aucune forme juridique.

Il ne paroist point de vestige de l'inventaire par écrit, ordonné estre fait, du buffet d'argent de la Ville, lors de la réception de Me Martin Le Maire audit office de greffier les 1 et 4 octobre 1734, et dont devoit luy estre donné copie.

L'acte de réception de Me Jean-Baptiste Langlois à la charge de greffier de la Ville, à la place de M. Le Maire, à condition de survivance, fait mention d'un inventaire de papiers et titres de la Ville qui estoient es chambres dudit hostel nommées *le Grand* et *le Petit Trésor,* déposé es mains dudit Le Maire. On n'a aucune mention de cet inventaire.

Si cet inventaire fait du buffet d'argent vermeil doré de la Ville, lors de la réception dudit Le Maire, se voyoit, on devroit le trouver signé dudit Me Jean-Baptiste Langlois, ainsy qu'il fut ordonné le 20 avril 1660. Ce fut une des charges de la réception, et qu'ils en seroient conjointement chargés. Une autre condition fut que ledit

Langlois se chargeroit des papiers et titres de la Ville mentionnés audit inventaire, déposés es mains dudit Le Maire, desquels recollement seroit fait en présence du s^r Le Vieux, Eschevin et Procureur du Roy et de la Ville : ce recollement a esté indubitablement fait, mais on n'en a point de connoissance.

Après le déceds dudit Me Langlois, arrivé au mois de janvier 1681, la disposition contenue en l'article 22 du chapitre 33 de l'ordonnance de 1672, donnée au mois de décembre, n'a point esté exécutée, lors de la réception faite, le 2 juillet suivant, de Me Jean-Martin Mitantier, de l'office de greffier, concierge, garde meubles et des salles et étappes dudit Hostel de Ville, nouvellement créé par édit du mois d'avril de la mesme année et depuis.

L'acte d'assemblée du 6 juillet 1682 ne paroist pas avoir eu pour objet un inventaire général, comme il sera dit dans l'article qui suit. Il y est fait mention d'un commencé du temps de feu M. Pelletier, Prévost des Marchans, qui ne se trouve point, et on ne peut savoir s'il a esté achevé.

Il y a lieu de penser que c'est à l'une des années 1682 et 1683, qu'a esté fait l'inventaire général de tous les registres, titres et papiers concernant le domaine patrimonial de la Ville, estans en la chambre appelée *le Grand Trésor,* indiqué de la Prévosté de feu M. de Pomereu : l'Eschevinage cité ne permet pas d'en douter; mais quel égard y avoir? En effet, outre qu'il ne concerne que la partie des registres, titres et papiers déposés dans ledit lieu, il ne porte avec luy aucun des caractères juridiques nécessaires en pareille occasion; il ne peut estre proprement regardé que comme un projet qui n'a point esté réfléchy ny médité; il n'est composé que d'extraits généraux et vagues, comme sont par exemple les articles suivans :

Diverses lettres de cachet du Roy, escrites au Prévost des Marchands, Eschevins et habitans de la Ville de Paris, par les Roys, Reynes, Princes, officiers de la couronne et grands seigneurs, tant sur les affaires de Sa Majesté, levées de troupes, emprunts de deniers, que sur les mariages et naissances de Messieurs et Mesdames de France, et pour se trouver aux cérémonies publiques, mariages, entrées, *Te Deum,* funérailles et autres actions publiques de différentes années;

Mémoriaux de délibérations et assemblées faites en l'Hostel de Ville de Paris, de différentes années;

Différentes minuttes de délibérations, ordonnances et règlemens rendus au Bureau de l'Hostel de Ville de Paris, depuis l'année 1406, jusqu'à 1614; il y a 12 paquets.

Ces exemples suffisent pour establir l'inutilité de ce prétendu inventaire, le peu d'avantage que la Ville en peut retirer, faute d'avoir esté entrepris juridiquement, d'avoir esté général et en mesme temps détaillé par la description prescrite par l'ordonnance du mois de décembre 1612, chap. 33, art 22.

Le procès verbal du 11 aoust 1698, dressé lors de la mutation arrivée dans l'office de greffier de la Ville par la résignation de Me Martin Mitantier au profit de Me Jean-Baptiste Taitbout, indique, à la vérité, 51 registres faits jusqu'en l'année 1686; mais il n'y est fait aucune mention des minuttes; il y est dit que les registres ont esté suspendus, et que ledit Mitantier a dit que les minuttes du Bureau pour les composer, estant au greffe de la Ville, n'ont point esté transcrittes. Il n'en est point fait d'inventaire ny de transcription; il y est parlé d'un répertoire de plusieurs liasses de titres, lettres et arrests, tant en parchemin qu'en papier, qui, dit-on, furent vérifiés sur les répertoires, et qu'on laissa dans quatorze tiroirs estans dans l'appartement neuf dudit Hostel de Ville, en la chambre appellée de *la Tontine* : la description en devoit pareillement estre faite. On ne se transporta point dans la chambre du *Trésor*, à l'effet d'y faire semblable description. Plusieurs autres registres sont encore relatés dans le procès verbal au nombre de quarante un. Il y est aussi parlé de deux coffres, où estoient les deniers qui pouvoient rester du prix des charges de payeurs des rentes vendues sur les s^rs Le Semelier et Pelard, pourveus d'icelles, fermés chacun de trois différentes clefs, et du buffet de vermeil doré de la Ville en détail, et de neuf pièces de tapisserie, tant petites que grandes, représentant les faits d'Hercule; enfin nulle mention des plumitifs directement ny indirectement.

Il est aisé de sentir la contradiction résultante de l'intitulé de l'estat de l'acte estant ensuite fait le 20 mars 1710, au sujet de la vaisselle d'argent appartenant à la Ville.

Il a esté dit que, lors du déceds de Jean-Baptiste Taitbout, arrivé le 13 aoust 1711, les scellés avoient esté apposés le mesme jour et levés le lendemain au moyen de la soumission faite par dame Jeanne Clément, veuve de Me Taitbout, et Me Jean-Baptiste-Julien Taitbout conjointement et solidairement, de représenter tous les titres, registres, argenteries, appartenant au domaine de la Ville et concernant ledit greffe, dont ledit deffunt pouvoit estre chargé, toutes fois et quantes que requis en seroient. Estoit-ce la forme en laquelle il devoit estre procédé? Et l'article 22 du chapitre 33 de l'ordonnance du mois de décembre 1672 n'auroit-il pas dû estre exécuté en faisant inventaire et description, en présence du Procureur du Roy et de la Ville, de toutes les minuttes, registres, titres et papiers estant alors au greffe, pour y estre remis à la garde dudit Me Jean-Baptiste-Julien Taitbout fils, lorsqu'il seroit entré en charge? Et les soumissions de la dame sa mère et de luy estoient-elles une charge en forme suffisante et valable envers la Ville? Les choses sont aujourd'huy dans le mesme estat.

Le Procureur du Roy et de la Ville Nous auroit ensuite représenté qu'il espère que les faits qu'il Nous a rapportés et les réflexions qu'il a cru qui en résultoient, en mesme temps qu'il y trouve son ministère nécessairement excité, Nous porteront à réunir sous un mesme point de vue les monumens de plusieurs siècles, les uns confondus, les autres dispersés, au grand préjudice du Roy, de celuy de la Ville, et de celuy du public; qu'il est réservé à nostre Magistrature d'y establir un ordre dont il n'y a eu que des exemples très-imparfaits et qui doit estre suivy d'avantages dont nos successeurs ressentiront les effets, et dont la postérité verra la cause avec admiration.

Pour quoy requéroit ledit Procureur du Roy et de la Ville, qu'il Nous plust ordonner que les ordonnances, arrests et règlemens seront exécutés selon leur forme et teneur;

En conséquence, que les chartres, édits, déclarations, lettres patentes, arrests du conseil et des cours, les minuttes, titres, les comptes, les plumitifs et les registres, seront rangés par ordre chronologique, d'année en année, puis mis dans des boëtes de carton, à la réserve des registres, qui seront mis sur des tablettes, et le tout renfermé dans des armoires que Nous avons fait disposer et que Nous avons résolu d'augmenter en commençant par celuy que Nous avons fait voûter dessus et dessous, appelé *le Petit Trésor,* ayant son entrée dans l'endroit dit *la Chambre du Trésor,* et ensuite dans ladite chambre, puis dans le cabinet du greffier, concierge-garde des meubles, salles et étappes de l'Hostel de Ville, et dans le greffe, et enfin au-dessus de la salle des Gouverneurs;

Que les minuttes qui concerneront des affaires non terminées, faute d'avoir esté suivies par ceux qui se seront pourveus ou autres, et sur lesquelles il ne sera point rendu de jugement définitif, auront pour datte celle de l'ordonnance unique ou de la dernière signée de l'un de Nous, et au cas que ce soit matière sur laquelle il n'en soit point intervenu, suivant leur datte naturelle;

Que les mémoires, plans, et papiers imprimés et manuscrits qui n'auront point de dattes certaines seront mis dans de semblables boëtes et par ordre de matières, à la réserve de ceux des plans qui par leur volume ne pourront y entrer, et ils seront placés à costé des cartons auxquels ils auront rapport;

Qu'il sera tiré des déposts publics des expéditions en bonne forme de tous les titres et autres actes qui concernent l'Hostel de Ville et ses dépendances généralement quelconques qui se trouveront manquer, pour estre aussy placées suivant l'ordre cy dessus; et seront les expéditions payées des deniers de la Ville, en la manière accoutumée;

Qu'il sera pareillement tiré, des bibliothèques publiques et particulières, des copies des registres qui s'y trouveront, et en sera fait l'achat, si faire se peut, pour y avoir tel égard que de raison; et au cas que les registres fussent originaux, ceux qui en seront en possession seront excités de les remettre à la Ville, qui leur en fournira des copies à ses dépens. Il sera fait un répertoire chronologique, cotté et paraphé de Nous Prévost des Marchans, des chartes, édits, déclarations, lettres patentes, arrests du Conseil et des Cours, minuttes, titres, comptes, plumitifs, registres, mémoires, plans, papiers imprimés et manuscrits, rangés dans l'ordre observé lors du placement dans les armoires; au pied duquel répertoire ledit greffier de ladite Ville sera par Nous chargé, en présence du Procureur du Roy et de la Ville, par un procès verbal. Ledit répertoire sera ensuite continué de jour en jour, et, le seize aoust de chaque année, ledit greffier en sera chargé par un procès-verbal par addition, et en la forme que dessus;

Qu'il sera fait description des chartres, édits, déclarations, lettres patentes, arrests du Conseil et des Cours, minuttes, titres, comptes, plumitifs, registres, mémoires, plans et papiers imprimés; et aussy cette description consistera en des extraits étendus et exacts du contenu en iceux, et seront les extraits rangés par ordre de matières et de chronologie, à la réserve des mémoires, plans et papiers où l'arrangement par matière et de chronologie, ou l'un et l'autre ne pourront avoir lieu, et les matières comprendront ensemble ou séparément un ou plusieurs volumes, ainsy qu'il sera nécessaire. Il sera fait mention en marge des extraits, des minuttes, pièces et registres sur lesquels ils auront esté faits, comme aussy de ceux qui auront aydé la Ville, soit par communication de copies ou d'originaux, soit par l'abandon qu'ils luy en auront fait;

Qu'à fin de transmettre à la postérité les époques des communications des registres non originaux et des abandons de ceux qui seront originaux, il sera par Nous fait un acte par minutte contenant nostre gratitude, dont sera faite copie sur le registre courant et délivrée une expédition à qui il appartiendra, comme aussy en sera fait mention sur la couverture des registres en ces termes : *Donné* ou *communiqué par*....... *le*........, suivant l'une des deux circonstances. Ledit greffier sera chargé dudit inventaire par matière et ensuite d'année en année, en la manière prescritte par le répertoire cy dessus, et ce à la fin du volume unique ou du dernier volume de chaque matière;

Qu'il sera procédé au recollement dudit répertoire au moins une fois tous les deux ans, à la réquisition dudit Procureur du Roy et de la Ville, par celuy de Nous qui sera à cet effet commis, et ce afin d'entretenir l'ordre et l'arrangement de ce qui y sera contenu;

Qu'il ne sera pris communication ou déplacement des chartres, édits, etc. que par Nous et les Procureurs du Roy et de la Ville, dont sera donné récépissé au greffier avec promesse d'en faire le rapport dans trois jours au plus tard; et lors des procès verbaux qui tendront à charger les greffiers par addition ou recollement général, tout ce qui aura esté pris en communication sera rapporté, sans qu'il puisse estre admis aucun récépissé pour suppléer au défaut d'une représentation réelle de ce qu'il aura communiqué;

Qu'il ne pourra estre pris aucune communication par quelque personne que ce soit, autrement que sans déplacer et en conséquence d'un ordre signé de Nous et du Procureur du Roy et de la Ville, sur un registre qui sera tenu à cet effet par ledit greffier et cotté et paraphé par Nous Prévost des Marchans. Il ne pourra pareillement estre délivré par lui aucune expédition, si ce n'est des affaires contentieuses, jugemens sur requestes ou autres concernant ceux qui les requerront, sans un pareil ordre que dessus;

Qu'il sera fait des copies collationnées en bonne forme par un conseiller secrétaire du Roy, maison, couronne de France et de ses finances, des chartres, édits, déclarations, lettres patentes, arrests du conseil et des cours, contrats et actes passés par devant notaires et autres titres, comme aussy des expéditions, par ledit greffier, de toutes les minuttes émanées de nos prédécesseurs et de Nous mesme, de toutes les pièces qui y auront donné lieu, et encore des sentences contenues dans les plumitifs intervenus sur le réquisitoire du Procureur du Roy et de la Ville, et celles où il sera partie, enfin de pareilles expéditions du contenu de tous les registres de la Ville dont il n'y aura point de minuttes; et seront les copies collationnées, expéditions et doubles déposés dans un lieu particulier, le tout pour éviter le déplacement des originaux et suppléer par les tesmoignages authentiques à la perte qui en pourroit estre faite, en cas d'incendie, ce qui sera continué de jour à autre à l'avenir; et en sera ledit greffier pareillement chargé, ainsy qu'il a esté ordonné pour les originaux. Sera aussy ledit greffier payé des expéditions, attendu la nature unique et extraordinaire dudit travail;

Qu'il sera fait un inventaire particulier du buffet d'argent vermeil doré, de la vaisselle d'argent, des tableaux et des meubles sans exception estant dans l'Hostel de ladite Ville et à elle appartenant; au pied duquel ledit greffier sera chargé en la forme prescritte cy dessus; et en cas de changement ou d'augmentation, en sera fait procès verbal par addition, comme aussy dessus, ce qui sera pareillement pratiqué pour le recollement au moins une fois tous les deux ans, en la manière ordonnée en l'article neuf;

Que lesdits répertoire et inventaires seront précédés de la copie du jugement qu'il Nous plaira rendre, pour en ordonner la confection;

Qu'il sera délivré par ledit greffier, au Procureur du Roy et de la Ville, une expédition en forme des répertoires et inventaires ;

Que si, dans le cours du travail pour la confection des répertoires et inventaires, il est nécessaire d'ajouter ou changer au contenu dudit jugement, il y sera par Nous pourveu ;

Enfin, qu'il sera pareillement par Nous fait une délibération, à l'effet de pourvoir aux frais et aux communications inséparables d'un travail de cette nature ;

Nous, faisant droit sur le réquisitoire du Procureur du Roy et de la Ville, disons que les ordonnances, arrests et réglemens seront exécutés selon leur forme et teneur ; en conséquence :

1.

Que les chartres, édits, déclarations, lettres patentes, arrests du Conseil et des Cours, les minuttes, titres, les comptes, les plumitifs et les registres seront rangés par ordre de chronologie d'année en année, puis mis dans des boëtes de carton, à la réserve des titres registres qui seront mis sur des tablettes, et le tout renfermé dans des armoires que Nous avons fait disposer, et que Nous avons résolu d'augmenter en commençant par le lieu que Nous avons fait voûter dessus et dessous, appellé *le Petit Trésor,* ayant son entrée dans l'endroit dit *la Chambre du Trésor,* ensuite dans ladite chambre, puis le cabinet du greffier, concierge, garde meubles des salles et étappes dudit Hostel de Ville, et dans le greffe, et enfin au dessus de la salle des Gouverneurs ;

2.

Que les minuttes qui concerneront les affaires non consommées, faute d'avoir esté suivies par ceux qui se seront pourveus ou autres et sur lesquelles il ne sera point rendu de jugement définitif, auront pour datte celle de l'ordonnance unique ou de la dernière signée

de l'un de Nous; et, au cas que ce soit matière sur laquelle il n'en
soit point intervenu, suivant leur date naturelle;

3.

Que les mémoires, plans, et papiers imprimés, et manuscrits qui
n'auront point de dattes certaines, seront mis dans de semblables
boëtes et par ordre de matières, à la réserve de ceux des plans qui
par leur volume ne pourront y entrer; et ils seront placés à costé des
cartons auxquels ils auront rapport.

4.

Disons qu'il sera tiré des déposts publics des expéditions en bonne
forme de tous les titres et autres actes qui concernent l'Hostel de Ville
et ses dépendances généralement quelconques, qui se trouveront manquer, pour estre ainsy placées suivant l'ordre cy dessus, et seront
lesdites expéditions payées des deniers de la Ville, en la manière
accoutumée;

5.

Comme aussy qu'il sera pareillement tiré des bibliothèques publiques et particulières des copies des registres qui s'y trouveront,
et en sera fait l'achat, si faire se peut, pour y avoir tel égard que
de raison; et au cas que lesdits registres fussent originaux, ceux
qui en seront en possession seront excités de les remettre à la Ville,
qui leur en fournira des copies à ses dépens;

6.

Il sera fait un répertoire chronologique, cotté et paraphé de Nous
Prévost des Marchans, des chartres, édits, déclarations, lettres patentes, arrests du Conseil et des Cours, minuttes, titres, comptes,
plumitifs, etc. rangés dans l'ordre observé lors du placement dans les
armoires; au pied duquel répertoire le greffier de ladite Ville sera par

Nous chargé, en présence du Procureur du Roy et de la Ville, par un procès verbal; ledit répertoire sera ensuite continué de jour en jour, et le 16 aoust de chaque année ledit greffier sera chargé par un procès verbal par additions et en la forme que dessus.

7.

Ordonnons en outre qu'il sera fait description des chartres, édits, déclarations, etc. et aussy cette description consistera en des extraits étendus et exacts du contenu en iceux, et seront lesdits extraits rangés par ordre de matières et de chronologie, à la réserve desdits mémoires, plans et papiers, où l'arrangement par matière et de chronologie, ou l'un ou l'autre, ne pourront avoir lieu, et les matières comprendront ensemble ou séparément un ou plusieurs volumes, ainsy qu'il sera nécessaire. Il sera fait mention en marge des extraits des minuttes, pièces, registres, sur lesquels ils auront été faits, comme aussy de ceux qui auront aydé la Ville, soit par communication de copies ou originaux, soit par l'abandon qu'ils en auront fait.

8.

Afin de transmettre à la postérité les époques des communications des registres non originaux et des abandons de ceux qui seront originaux, il sera par Nous fait un acte pour minutte, contenant nostre gratitude, dont sera fait copie sur le registre courant, et délivré une expédition à qui il appartiendra, comme aussy en sera fait mention sur la couverture des registres en ces termes : *Donné* ou *Communiqué à la Ville, par*....... *le*......., suivant l'une des deux circonstances. Ledit greffier sera chargé dudit inventaire par matière, et ensuite d'année en année en la manière prescritte par le répertoire cy dessus, et ce à la fin du volume unique ou du dernier volume de chaque matière.

9.

Il sera procédé au recollement dudit répertoire au moins une fois tous les deux ans, à la réquisition du Procureur du Roy et de la Ville, par celuy de Nous qui sera à cet effet commis, et ce afin d'entretenir l'ordre et l'arrangement de ce qui y sera contenu.

10.

Il ne sera pris communication, en déplaçant, des chartres, édits, déclarations, etc. que par Nous et ledit Procureur du Roy et de la Ville, dont sera donné récépissé audit greffier avec promesse d'en faire le rapport dans trois jours au plus tard; et lors desdits procès-verbaux qui tendront à charger ledit greffier par addition ou à recollement général, tout ce qui aura été pris en communication sera rapporté, sans qu'il puisse estre admis aucun récépissé pour suppléer au défaut d'une représentation réelle de ce qu'il aura communiqué.

11.

Disons qu'il ne pourra estre pris aucune communication, par quelque personne que ce soit, autrement que sans déplacer, et en conséquence d'un ordre par écrit et signé de Nous et dudit Procureur du Roy et de la Ville, sur un registre qui sera tenu à cet effet par ledit greffier, cotté et paraphé par Nous Prévost des Marchans. Il ne pourra pareillement par luy estre délivré aucune expédition, si ce n'est des affaires contentieuses, jugemens sur requestes ou actes concernant ceux qui les requerront, sans un pareil ordre que dessus.

12.

Il sera fait des copies collationnées en bonne forme par un conseiller secrétaire du Roy, maison, couronne de France et de ses finances, des chartres, édits, déclarations, lettres patentes, arrests des Conseils et des Cours, contrats et actes passés par devant notaires et autres titres, comme aussy des expéditions, par ledit greffier, de toutes les minutes émanées de nos prédécesseurs et de Nousmesmes, de toutes les pièces qui y auront donné lieu, et encore des sentences contenues dans les plumitifs, intervenues sur le réquisitoire du Procureur du Roy et de la Ville, et celles où il sera partie, enfin de pareilles expéditions du contenu en tous les registres de la Ville dont il n'y aura point de minuttes; et seront lesdites copies collationnées, expéditions et doubles déposés dans un lieu particulier, le tout pour éviter le déplacement des originaux et suppléer par ces tesmoignages authentiques à la perte qui pourroit en estre faite en cas d'incendie, ce qui sera continué de jour à autre à l'avenir; et en sera ledit greffier pareillement chargé, ainsy qu'il a esté ordonné pour les originaux. Sera aussy ledit greffier payé desdites expéditions, attendu la nature unique et extraordinaire dudit travail.

13.

Ordonnons qu'il sera fait un inventaire particulier du buffet d'argent vermeil doré, de la vaisselle d'argent, tableaux, meubles sans exception estant dans l'Hostel de ladite Ville et à elle appartenant; au pied duquel ledit greffier sera chargé en la forme prescrite cy dessus; et en cas de changement ou d'augmentation en sera fait procès-verbal par addition aussy comme dessus, ce qui sera pareillement pratiqué pour le recollement au moins une fois tous les deux ans, en la manière ordonnée en l'article neuf.

14.

Lesdits répertoire et inventaire seront précédés de la copie du jugement présent qui en ordonne la confection.

15.

Il sera délivré par ledit greffier au Procureur du Roy et de la Ville expédition en forme desdits répertoire et inventaire.

16.

Ordonnons en outre que, si dans le cours du travail pour la confection desdits répertoire et inventaire il est nécessaire d'ajouter ou changer au contenu au présent jugement, il y sera par Nous pourvu.

17.

Qu'il sera pareillement par Nous fait une délibération, à l'effet de pourvoir aux frais et aux communications inséparables d'un travail de cette nature.

18.

Et seront ces présentes exécutées, nonobstant oppositions ou appellations quelconques et sans préjudice d'icelles.

Fait au Bureau de la Ville de Paris, le 23 mars 1735.

Signé Turgot, Fauconnet de Vildé, Josset,
Petit, de Santeul et Moriau.

IX

DÉLIBÉRATION DU BUREAU DE LA VILLE PORTANT QU'IL SERA FAIT UN
RÉPERTOIRE CHRONOLOGIQUE DES CHARTES, ÉDITS, DÉCLARATIONS,
LETTRES PATENTES, ETC.

(Arch. de l'Emp. H 1856, fol. 153.)

23 mars 1735

Du vingt-troisième jour de mars mil sept cent trente-cinq, au Bureau de la Ville.

Ce jour, Nous Michel Estienne Turgot, Chevalier, Seigneur de Soumont, Bons, Ussy, Potigny, Perrières, Brucourt, et autres lieux, Conseiller du Roy en ses Conseils, Président au Parlement et en la seconde Chambre des Requestes du Palais, Prévost des Marchans; Jean-Claude Fauconnet de Vildé, Écuyer, Conseiller du Roy et de la Ville, Avocat en la Cour, Expéditionnaire de Cour de Rome et des Légations d'Avignon; Claude Augustin Josset, Écuyer, Conseiller du Roy, Avocat en la Cour, Expéditionnaire de Cour de Rome et des Légations d'Avignon; Claude François Petit, Écuyer, Conseiller du Roy, Quartinier de cette Ville, et Jean Baptiste de Santeul, Écuyer, Eschevins de la Ville de Paris, assemblés au Bureau de ladite Ville avec le Procureur du Roy et de ladite Ville, pour les affaires d'icelle, Nous serions fait représenter nostre jugement de cejourd'huy, rendu sur le réquisitoire dudit Procureur du Roy et de la Ville, par lequel Nous aurions ordonné qu'il seroit fait un Répertoire chronologique des chartes, édits, déclarations, lettres patentes, arrests du conseil et des cours, minuttes, titres, comptes, plumitifs, registres, mémoires, plans et papiers imprimés, et aussy à l'effet de charger le greffier de ladite Ville, comme aussy une description consistant en des extraits étendus et exacts du contenu en iceux, lesquels extraits seront rangés par ordre de matières ou de chronologie, à la réserve des cas y portés, le tout ainsy qu'il est plus au long mentionné audit jugement; Nous aurions pareillement mis en considération, que Nous ne pouvons trop tost pourvoir à l'exécution d'un projet aussi important qu'il est vaste ; la matière mise en délibération, Nous, ouy et ce consentant le Procureur du Roy et de la Ville, avons arresté et ordonné, arrestons et ordonnons :

1.

Qu'il sera employé dix commis pour ledit travail, y compris les deux qui sont actuellement occupés.

2.

Ces dix commis seront payés chacun à raison de cent livres par mois, sur les mandemens qui leur seront par Nous délivrés, de trois mois en trois mois, ou pour les portions de temps, s'il y a lieu, sur le certificat de la personne qui sera par Nous chargée de la conduite et de l'examen du travail, de l'ordre et de l'arrangement qu'il sera nécessaire d'y observer.

3.

Cette personne pourra faire travailler les commis, soit à l'Hostel de Ville ou dans sa maison, ainsy qu'elle le jugera convenable.

4.

Elle prendra toute communication en déplacement, en se chargeant, en présence du Procureur du Roy et de la Ville, sur un registre qui sera tenu à cet effet par le siéur Josset, l'un de Nous, Eschevin, lequel paraphera, avec ledit Procureur du Roy et de la Ville, la quantité des chartres, édits, déclarations, lettres patentes et autres pièces, par première et dernière, en bas de la dernière page, avec une lettre de l'alphabet suivy par ordre d'iceluy, afin de constater les dattes des communications par le raport exact qu'elles auront audit registre. Il en sera usé de mesme pour les communications desdits registres, plumitifs et plans qui seront paraphés, sçavoir : lesdits registres à la dernière page, et lesdits plans au dos d'iceux; et, lors de la remise qui en sera faite, sera donné reconnoissance par ledit Commissaire en marge dudit registre, pour opérer la décharge entière de ladite personne, et ce aussy en présence du Procureur du Roy et de la Ville et de ladite personne. En cas d'absence ou de mutation de magistrature dudit Commissaire, il en sera nommé un autre sur ledit registre par Nous Prévost des Marchans; sera aussy ledit registre cotté et paraphé, par premier et dernier feuillet, par Nous dit Prévost des Marchans.

5.

Les constructions des tablettes et tables nécessaires, dans la maison de ladite personne qui sera par Nous chargée de la conduite dudit travail, seront faites en conséquence d'un marché, qui sera par Nous passé à cet effet en la manière ordinaire, sur le devis qui en sera dressé par le maistre général des Bastimens de la Ville; et après la perfection dudit inventaire, les matériaux qui en proviendront appartiendront à ladite Ville.

6.

Ladite personne sera remboursée des frais de bureau tous les six mois, sur son certificat, en joignant les quittances des marchans, dont il se servira à son choix.

7.

Pour le mis au net des répertoire et inventaire, il sera employé le nombre de commis qui sera nécessaire, aux appointemens qui seront par Nous réglez.

8.

La mesme chose sera observée pour copier des registres, si le cas y échet, conformément à nostre dit jugement de cejourd'huy.

9.

Si, dans le cours de l'ouvrage, il est nécessaire d'ajouter ou changer au contenu de la présente délibération, il y sera par Nous pourveu.

Fait au Bureau de ladite Ville de Paris, ledit jour 23 mars 1735.

Signé TURGOT, FAUCONNET DE VILDÉ, JOSSET,
PETIT, DE SANTEUL et MORIAU.

X

DON FAIT A LA VILLE D'UN CORPS COMPLET DE NUMÉROS DE LA *GAZETTE DE FRANCE*, DEPUIS SON ÉTABLISSEMENT JUSQU'EN 1735, PAR Mᵉ EUSÈBE JACQUES CHASPOUX, CHEVALIER, SEIGNEUR DE VERNEUIL.

(Arch. de l'Emp. H 1856, fol. 169 v°.)

Du cinquième avril 1735, au Bureau de la Ville.

Ce jour, Nous Nicolas Estienne Turgot, Chevalier, Seigneur de Soumont, Bons, Ussy, Potigny, Perrières, Brucourt et autres lieux, Conseiller du Roy en ses Conseils, Président au Parlement et en la seconde Chambre des requestes du Palais, Prévost des Marchans, et les Eschevins de la Ville de Paris, assemblés au Bureau de la Ville avec le Procureur du Roy et de ladite Ville pour les affaires d'icelle, est comparu Mᵉ Eusèbe Jacques Chaspoux, Chevalier, Seigneur de Verneuil, du Noulet, Betz, Sainte Julitte, Chaumussay et autres lieux, Conseiller ordinaire du Roy en ses Conseils, Secrétaire ordinaire de la Chambre et du Cabinet de Sa Majesté, lequel Nous a dit qu'ayant appris que *Nous avons résolu de rendre recommandables et utiles à la postérité les fastes dont l'Hostel de Ville possède les preuves dans son sein,* il auroit considéré qu'un fidèle sujet du Roy et qu'un bon citoyen devoit saisir une circonstance aussy favorable pour montrer qu'il n'est point indigne de ces qualités, en contribuant de tout son pouvoir pour la perfection du projet que Nous avons formé, que c'est dans cette confiance qu'il ose Nous offrir et qu'il Nous supplie d'accepter un corps complet de la *Gazette de France,* depuis son établissement jusqu'à présent, pour estre déposé dans l'Hostel de Ville à perpétuité, et s'est retiré. Nous, la matière mise en délibération et ouy le procureur du Roy et de la Ville, avons de son consentement accepté et acceptons, au nom de la Ville, les corps complets de la *Gazette de France* depuis son établissement, l'an mil six cent trente un jusqu'à présent, composant[1] . . . . volumes, pour estre déposés et conservés dans l'un des lieux que Nous faisons disposer ou qui le sont déjà, ainsy qu'il appartiendra ; ordonnons que pour transmettre à la postérité le don qui nous est fait, et donner des marques audit sr de Verneuil, du souvenir que Nous et nos successeurs en devons avoir, Nous ferons relier les gazettes solidement et en veau, et que, sur le premier costé de la couverture de chacun des volumes, il sera marqué ces mots : *Donné à la Ville par Me Chaspoux, Seigneur de Verneuil et autres lieux, Secrétaire ordinaire de la Chambre et du Cabinet du Roy, le 5 avril 1735.* Et ledit sr de Verneuil estant à l'instant rentré, luy avons réitéré ce que dessus, et que la présente délibération estoit pour estre à jamais un tesmoignage authentique de l'estime que Nous et nos successeurs devons faire de son zèle pour le bien et le service de la Ville.

Fait au Bureau de ladite Ville, ledit jour 5 avril 1735.

Signé Turgot, Fauconnet de Vildé, Josset, Petit de Santeul et Moriau.

Le même jour, en considération de ce don, le Bureau concède au seigneur de Verneuil un cours de douze lignes d'eau en superficie, provenant des eaux de la rivière, pour en jouir par luy et ses successeurs et ayans cause à perpétuité.

---

[1] Voir, Pièces justificatives, XIV, la délibération du 24 mars 1763, relative à l'état des livres déposés dans l'armoire du *Petit-Trésor*.

XI

TRAVAUX HISTORIQUES ET TOPOGRAPHIQUES ACCOMPLIS SOUS LA PRÉVÔTÉ DE TURGOT.

1729-1740.

Les onze années de la prévôté de Turgot, remplies par de si nombreux et si importants travaux d'utilité publique, marquent aussi entre toutes par une attention particulière apportée aux Archives de la Ville et à ce que nous appelons les travaux historiques de ce temps-là. Nous extrayons ce qui suit d'un manuscrit inédit, où se trouve, en quarante-quatre pages, de la main même de Bonamy, un résumé des « principaux événemens arrivés, et des ouvrages ordon- « nés sous les prévostés de M. Turgot, conseiller d'Estat, depuis le 17 juillet 1729 « jusqu'au mois d'aoust 1740[1]. »

Page 196.

1734. — ..... Marché fait avec le sieur Bretez pour le dessin d'un grand Plan général de Paris, dessiné en proportion, pour estre ensuite gravé.

Page 203.

1736. — ..... Marché fait avec le sieur Lucas pour graver sur vingt planches de cuivre le grand Plan de Paris, dessiné par le sieur Bretez.

[1] Le manuscrit qui contient ce résumé est à la suite d'un exemplaire des *Antiquitez de Paris*, de Du Breul, appartenant à M. Le Roux de Lincy, qui a bien voulu nous en donner communication.

1736. — . . . . . M. le Prévost des Marchans, estant entré dans l'examen des Archives, Registres et Papiers de la Ville, dont le dérangement qui y estoit ne provenoit que du défaut de place pour les mettre en ordre et par matières, après en avoir délibéré au Bureau, a fait faire de belles et grandes armoires dans le Greffe où sont les commis, ainsi que dans le Cabinet de M. le Greffier, dont les croisées ont esté élargies.

Dans la Chambre du Trésor, il a esté fait de pareilles armoires, et le petit cabinet à costé, qui contient trois étages, a esté voulté dessus et dessous avec porte et croisée de fer pour y déposer les Titres et Archives de la Ville.

Les greniers au-dessus de ces parties et ceux au-dessus de l'Antichambre et de la Salle des Gouverneurs, dont la charpente estoit apparente, ont esté lambrissés avec attention et garnis d'armoires.

Les greniers des deux Pavillons ont esté pareillement lambrissés.

Toutes ces pièces servent à y placer les Compagnies lors des Festes publiques.

Il a esté établi des poëlles dans la Grande Salle et dans les principales pièces pour la commodité du public.

La cheminée de marbre, les ornemens de bronze et le tableau de Louis XV, au-dessus, dans la Salle des Gouverneurs.

1737. — . . . . . Acquisition, faite par la Ville, de six pièces de tapisserie très-anciennes et curieuses, représentant Paris, Rome, Jérusalem, Venise, Constantinople et l'Italie[1].

[1] On lit, page 212 (année 1740), que « le tableau ordonné par la Ville, à l'occasion de la paix et peint par Charles Vanloo, a esté posé à l'Hostel de Ville, dans « la Salle des Gouverneurs, en place de « celui qui avoit esté fait pour la paix de « 1714, lequel a esté donné, *faute de place,* « à la famille de M. Bignon, qui estoit alors « Prévost des Marchans. »

Page 207.

1738. — ..... L'impression de deux mille six cents exemplaires du nouveau Plan de Paris, composé de vingt feuilles chacun, dont une partie a esté collée sur toile et montée sur gorge, et une autre partie reliée en livres.

Une autre note (page 182) porte que ce Plan, où toutes les maisons des rues sont en élévation et à vue d'oiseau, fut complété par une 21e feuille, contenant toutes les rues, mais avec de simples traits. On remarque « qu'il n'est point géo- « métral, mais plus pour la curiosité que l'utilité, » et l'on ajoute « qu'il en fut en- « voyé en présent, non-seulement dans toutes les cours de l'Europe et à tous les « sçavans, mais encore à Constantinople et à la Chine. »

A la suite du résumé d'où nous avons tiré ces diverses mentions, nous trou- vons une page qu'il n'est pas sans intérêt de reproduire ici.

SITUATIONS DE LA CAISSE DE LA VILLE DE PARIS, tant à l'avénement de M. Turgot à la Prévosté des Marchans qu'à celui de M. de Vastan, qui lui a succédé.

Il y avoit en Caisse le 14 juillet 1729, jour de l'élection de M. Tur- got à la Prévosté...................... 26,782^{tt}.5^s.5^d.

Et il y avoit en ladite Caisse le 15 aoust de l'an- née 1740, jour de l'élection de M. de Vastan.... 493,693^{tt}.18^s.3^d.

Certifié le présent extrait véritable et conforme à nos Registres- Journaux de recette et de dépense. A Paris, le 7 avril mil sept cent quarante-deux.

Signé : BOUCOT.

« Il estoit deub par les fermiers généraux une année des octrois qu'ils percevoient pour la Ville, montant à 141,250ᵗᵗ par an, ce qui fait qu'il est resté la somme de 634,943ᵗᵗ.18ˢ.3ᵈ.

« Les revenus de la Ville au 14 juillet 1729, jour de mon élection, montoient à 860,577ᵗᵗ.18ˢ.3ᵈ, et quand j'en suis sorti, le 15 aoust 1740, ils montoient à la somme de 16 à 17 cent mille livres.

« J'ai remboursé plus d'un million de rentes au denier cinquante. »

Bonamy a ajouté à cette page ces deux lignes :

C'est M. Turgot qui m'a communiqué cet estat, dont il me permit de prendre copie.

XII

DÉLIBÉRATION POUR L'ÉTABLISSEMENT D'UNE BIBLIOTHÈQUE, EN CON-
SÉQUENCE DU LEGS FAIT PAR M. MORIAU, PROCUREUR ET AVOCAT
DU ROY ET DE LA VILLE, HONORAIRE.

(Arch. de l'Emp. H 1869, fol. 23 r°.)

2 septembre 1760.

Ce jour, Nous Prévôt des Marchands et Échevins de la Ville, assemblés au Bureau de la Ville, avec le Procureur du Roy et de la
Ville, pour les affaires d'icelle, ayant considéré que feu Antoine Moriau, décédé le 20 mai 1759, Procureur et Avocat du Roy et de la
Ville, honoraire, avoit, par la singulière considération qu'il avoit
pour la Ville, légué à ladite Ville par son testament des 11 et 14 may
audit an 1759, dont copie est jointe à la minute des présentes, sa
bibliothèque, manuscrits, recueil de pièces fugitives tant imprimées
que manuscrites, de toutes les cartes, estampes, dessins exécutés
à la main, des médaillers et médailles qui y sont renfermées ou
éparses dans quelques tiroirs des bureaux des cabinets, le tout sans
aucune exception ni réserve, son désir ayant toujours été qu'il y
eût en l'Hôtel de Ville de Paris une bibliothèque publique, comme il
y en a une en l'Hôtel de Ville de Lyon, et ayant légué de plus à ladite
Ville tous les jettons qu'il avoit rassemblés et qui formoient partie
du médailler, et en outre tous les deniers comptants qui se trouveroient luy appartenir au jour de son décès, comme aussy toutes les
sommes qui pourroient luy être dues par la Ville pour honoraires,

jusqu'au jour de sa démission par luy donnée le 27 décembre 1758, son intention ayant été par là de mettre la Ville en état d'accélérer l'établissement de ladite bibliothèque publique ; et dans la vue de suivre les intentions dudit feu sieur Moriau, et lui donner pour la Ville une marque de notre reconnoissance, Nous aurions accepté ledit legs, dont Nous auroit été fait délivrance par acte passé devant Bellanger et son confrère, notaires au Châtelet de Paris, le 22 juillet dernier ; en conséquence aurions cru ne pouvoir mieux faire quant à présent, ne se trouvant pas un vaisseau à l'Hôtel de Ville propre à former ladite bibliothèque publique, que de renouveler le bail de l'hôtel de Lamoignon, appartenant à M. le chancelier, dans lequel ledit feu sieur Moriau faisoit sa résidence et est décédé, ce qui a été exécuté ; et Nous serions d'autant plus portés à renouveler ledit bail, que la bibliothèque se trouvoit toute placée et en état d'être utile plus tôt au public ; qu'il ne s'agissoit plus à présent que de former cet établissement dans ledit hôtel de Lamoignon, jusqu'à ce qu'il pût être fait par la suite dans l'intérieur des bâtiments de l'Hôtel de Ville ; qu'il paroissoit d'abord essentiel d'y établir un bibliothécaire dont les talents nous seroient connus, pour vivre dans ladite bibliothèque, faire le choix des éditions nouvelles, vendre les anciennes éditions, suivant que ledit sieur Moriau y a consenty par sondit testament, compléter ladite bibliothèque, suivant les ordres qui lui seront donnés par le Bureau, ouvrir ladite bibliothèque au public, les jours qui seront par Nous ordonnés, et avoir par Nous la charge et la garde de tout ce qui y est renfermé ; qu'il paroissoit avant tout de la dernière conséquence qu'il fût fait, par celuy qui sera choisi par Nous pour remplir ladite place de bibliothécaire, un recueil général de tous lesdits livres et du temps de leurs éditions, de tous les dessins, estampes, médailles, jettons et de toutes les autres pièces renfermées dans les cabinets, lequel recueil par Nous reconnu sera déposé au greffe de ladite Ville ; qu'il paroissoit encore nécessaire de fixer une habitation au bibliothécaire

dans ledit hôtel, ainsi qu'à celuy qui seroit sous ses ordres, tant pour
le travail journalier à ladite bibliothèque que pour le service du public,
et d'avoir pour la garde et la sûreté dudit hôtel un portier ou suisse,
qui seroit chargé en même temps du nettoyement et balayage nécessaires, tant dans ledit hôtel que dans toutes les pièces concernant
ladite bibliothèque; que, quelque envie que Nous ayons de satisfaire
le public par l'ouverture de cette bibliothèque, il ne Nous paroissoit
pas possible de l'exposer au public qu'au 1er avril de l'année 1762,
tant à cause de la confection du recueil général de tout ce qui y est
renfermé, que des autres dispositions essentielles pour qu'elle puisse
être exposée au public : qu'il sembloit que Nous ne pouvions faire
choix, pour remplir la place de bibliothécaire, plus agréable, et dont
Nous puissions avoir plus de satisfaction, que de la personne du sieur
Bonamy, pensionnaire de l'Académie royale des Belles-Lettres, qui a
déjà été nommé par Nous précédemment à la place d'historiographe
de la Ville, et qui, par son travail assidu et ses lumières, a ramassé
beaucoup de matériaux utiles à la Ville, et dont il doit faire une collection; qu'il Nous paroissoit également de l'intérêt de la Ville, dans
le service de ladite bibliothèque, de faire choix, pour la place de sous-
bibliothécaire, de la personne du sieur Mulattier, qui, du vivant dudit feu sieur Moriau, avoit le soin et la suite de ladite bibliothèque;
qu'avec le secours et la connoissance de ces deux personnes, Nous ne
pourrions manquer de commencer avec satisfaction cet établissement; qu'il Nous paroissoit nécessaire que tant le bibliothécaire que
le sous-bibliothécaire ayent une commission de Nous, prêtent serment
en nos mains, et qu'ils aient des appointements tels que Nous les
jugerons les plus convenables, et en même temps une connoissance
de leurs devoirs et fonctions; qu'il devoit en être usé de même à
l'égard du portier ou suisse dudit hôtel, dont les fonctions et les
devoirs seront la sûreté et la propreté tant de ladite bibliothèque que
de l'hôtel; sur quoy, la matière mise en délibération, et oüy sur ce

le Procureur du Roy et de la Ville à ce consentant, Nous avons arrêté et délibéré, arrêtons et délibérons par ces présentes :

ARTICLE PREMIER.

Que la bibliothèque et autres effets y renfermés, qui a été léguée à la Ville par ledit feu sieur Moriau, décédé Procureur du Roy et de la Ville, honoraire, demeurera établie dans l'hôtel de Lamoignon, rue Pavée, pendant le temps et espace de neuf années, qui ont commencé le 1er juillet de la présente année, suivant le bail qui en a été passé entre M. le Chancellier et Nous, le . . . . et plus de temps ou ailleurs, s'il plaisoit à M. le Chancellier de rentrer dans sondit hôtel, jusqu'à ce qu'il se trouve à l'Hôtel de Ville un lieu propre pour cet établissement.

ART. 2.

Que pour la garde de la bibliothèque, la suite, pour la rendre plus complette, changer les éditions, il sera commis pour bibliothécaire la personne de Pierre-Nicolas Bonamy, pensionnaire de l'Académie royale des Belles-Lettres et historiographe de la Ville.

ART. 3.

Que ledit bibliothécaire sera tenu de faire l'inventaire général et par matières, le plus tôt qu'il sera possible, de tous les livres, cartons, manuscrits, dessins, médailles, jettons et autres généralement quelconques, renfermés dans ladite bibliothèque, lequel sera signé de luy et par Nous reconnu pour être ensuite déposé au greffe de la Ville ; et sera fourni un double dudit inventaire audit bibliothécaire.

ART. 4.

Que ledit bibliothécaire sera logé audit hôtel, affin de veiller sans cesse à sa conservation et à son entretien, et sur la conduite du sous-

bibliothécaire, et de ceux qui pourroient être commis en sous-ordre;
et exécutera au surplus tous les ordres qui luy seront donnés par le
Bureau, et les devoirs attachés à la commission qui lui sera donnée
par le Bureau; il luy sera fait des appointements par ladite commission, et il prêtera serment en nos mains.

ART. 5.

Que le sous-bibliothécaire sera chargé, sous les ordres du bibliothécaire, du soin de la bibliothèque et de tous les objets qui la concernent, de proposer audit bibliothécaire ses observations sur le changement d'éditions, achapt de livres nouveaux pour compléter ladite bibliothèque, manuscrits ou autres, lesquels changements, ventes ou achapts lesdits bibliothécaire et sous-bibliothécaire ne pourront faire qu'en vertu d'une délibération du Bureau, dont sera donné un double audit bibliothécaire pour sa décharge, et de se concerter en tout avec ledit sous-bibliothécaire pour les intérêts de la Ville et le bien dudit établissement.

ART. 6.

Que la commission de sous-bibliothécaire sera donnée à Jean-Baptiste Mulattier, lequel sera tenu de prêter le serment en nos mains, et jouira des appointements qui luy seront accordés par ladite commission, et sera tenu de se conformer aux devoirs qui luy seront prescrits par icelle, et jouira en outre d'un logement audit hôtel qui luy sera par Nous fixé.

ART. 7.

Que la bibliothèque commencera à être ouverte au public au 1er avril de l'année 1762; et avons fixé les jours où elle sera publique aux mercredy et samedy de chaque semaine, à moins que ces jours ne tombent sur des jours de fête, auquel cas elle restera fermée.

ART. 8.

Qu'il sera, en outre, étably audit hôtel un portier ou suisse pour veiller tant sur la sûreté desdits effets de la bibliothèque, que pour la sûreté et netteté de l'hôtel, auquel portier ou suisse sera assigné un logement, et sera tenu de faire et exécuter ponctuellement tous les devoirs qui luy seront indiqués par la commission qui luy sera donnée, et prêtera serment par-devant Nous, et sera de même pourvu à ses gages par laditte commission.

Fait et arrêté au Bureau de la Ville, ledit jour 2 septembre 1760.

Signé CAMUS, CHOMEL, BOYER, LE BLOCTEUR, DARLU et JOLLIVET.

DEVOIRS DU SOUS-BIBLIOTHÉCAIRE DE LA VILLE, EN CONSÉQUENCE DE LA DÉLIBÉRATION DU BUREAU DU 2 SEPTEMBRE 1760, ET DE LA COMMISSION DU 11 DUDIT MOIS.

(Arch. de l'Emp. H 1869, fol. 28.)

Le sous-bibliothécaire aidera et fera tout ce qui est nécessaire pour mettre en état la bibliothèque et faire un inventaire général et raisonné et par matière de tous les livres, cartons, registres et manuscrits, pièces fugitives, médailles, jettons, collections et autres faisant partie de ladite bibliothèque........................

. . . .

. . . .

Suivent des prescriptions de détail relatives au service de la Bibliothèque.

Fait au Bureau de la Ville, le 11 septembre 1760.

Signé CAMUS, CHOMEL, BOYER, LE BLOCTEUR, DARLU et JOLLIVET.

XIII

COMMISSION DE SOUS-BIBLIOTHÉCAIRE DE LA VILLE A JEAN-BAPTISTE
MULATTIER. — COMMISSION DE SOUS-BIBLIOTHÉCAIRE DE LA VILLE,
EN SURVIVANCE DU SIEUR MULATTIER, A HUBERT-PASCAL AMEILHON.
— SURVIVANCE ET COMMISSION D'HISTORIOGRAPHE ET BIBLIOTHÉ-
CAIRE DE LA VILLE A PIERRE BOUQUET.

(Arch. de l'Emp. H 1869, fol. 27 v°)

1760-1761-1762.

A tous ceux qui ces présentes lettres verront, Jean-Baptiste-Élie
Camus de Pontcarré, Chevalier, Seigneur de Viarmes, Seugy, Belloy et
autres lieux, Conseiller d'État, Prévôt des Marchands, et les Échevins
de la Ville de Paris, salut. Sçavoir faisons qu'en conséquence de notre
délibération du 2 septembre 1760, et Nous duëment informés des
bonnes vie, sens, suffisance, capacité et expérience, religion catholique, apostolique et romaine, et affection au service du Roy, de la
personne de Jean-Baptiste Mulattier, iceluy, pour ces causes et autres
à ce Nous mouvants, avons commis et établi, commettons et établissons par ces présentes sous-bibliothécaire de la Ville, ouy et ce consentant le Procureur du Roy et de la Ville, pour avoir, tenir et exercer
ladite commission tant qu'il plaira au Bureau, aux appointements de la
somme de mille livres par an, et ce à commencer du 1er octobre de la
présente année; laquelle somme lui sera payée de trois mois en trois
mois, des deniers de la recette de la Ville, sur les mandements qui
en seront par Nous délivrés, à la charge par luy d'exécuter ponctuellement les fonctions et devoirs à luy prescrits, joints à la minutte

des présentes; duquel Jean-Baptiste Mulattier, pour ce présent, Nous avons reçu le serment de bien et fidèlement exercer ladite commission, et d'exécuter au surplus tous les ordres qui luy seront donnés par le Bureau, et avons fait mettre à ces présentes le scel de la Prévôté des Marchands.

Ce fut fait et donné au Bureau de la Ville, le 11 septembre 1760.

Signé Camus, Chomel, Boyer, Le Blocteur,
Darlu et Jollivet.

COMMISSION DE SOUS-BIBLIOTHÉCAIRE DE LA VILLE, EN SURVIVANCE DU SIEUR MULATTIER, À HUBERT-PASCAL AMEILHON.

(Arch. de l'Emp. H 1869, fol. 159 v°.)

11 juin 1761.

A tous ceux qui ces présentes lettres verront, Jean-Baptiste-Élie Camus de Pontcarré, Chevalier, Seigneur de Viarmes, Seugy, Belloy et autres lieux, Conseiller d'État, Prévôt des Marchands, et les Échevins de la Ville de Paris, salut. Sçavoir faisons que, duëment informés des bonnes vie, mœurs, sens, suffisance, capacité et expérience, religion catholique, apostolique et romaine, et affection au service du Roy, de la personne de Hubert-Pascal Ameilhon, iceluy, pour ces causes et autres à ce Nous mouvants, avons commis et établi, ouy et ce consentant le Procureur du Roy et de la Ville, commettons et établissons sous-bibliothécaire de la Ville, en survivance de Jean-Baptiste Mulattier, pour avoir, tenir et exercer ladite commission tant qu'il Nous plaira, aux appointements de la somme de mille livres par année, à commencer du jour du décès dudit sieur Mulattier, laquelle somme luy sera payée de trois en trois mois, de la recette de la Ville, sur les mandements qui en seront par Nous ordonnés, à la charge par luy d'exécuter ponctuellement les fonctions et devoirs à lui prescrits joints à ces présentes; duquel Hubert-Pascal Ameilhon, pour ce présent, Nous avons reçu le serment de bien et fidèlement exercer ladite commission, et d'exécuter au surplus tous les ordres qui lui seront donnés par le Bureau, et avons fait mettre à ces présentes le scel de la Prévôté des Marchands.

Ce fut fait et donné au Bureau de la Ville, le 11 juin 1761.

Signé Camus, Chomel, Le Blocteur, Darlu, Boyer et Jollivet.

SURVIVANCE ET COMMISSION D'HISTORIOGRAPHE ET DE BIBLIOTHÉCAIRE DE LA VILLE À PIERRE BOUQUET.

(Arch. de l'Emp. H 1869, fol. 410 v°.)

22 juin 1762.

A tous ceux qui ces présentes lettres verront, Jean-Baptiste-Élie Camus de Pontcarré, Chevalier, Seigneur de Viarmes, Seugy, Belloy et autres lieux, Conseiller d'État, Prévôt des Marchands, et les Échevins de la Ville de Paris, salut. Sçavoir faisons que Nous, duëment informés des bonnes vie et mœurs, conversation, religion catholique, apostolique et romaine, sens, suffisance, capacité, expérience et affection au service du Roy, de la personne de Pierre Bouquet, avo-

cat au Parlement, et en conséquence de notre délibération du 2 septembre 1760, iceluy, pour ces causes et autres à ce Nous mouvants,
et ouy et ce consentant le Procureur du Roy et de la Ville, avons
nommé et nommons, par ces présentes, historiographe et bibliothécaire de la Ville, en survivance de Nicolas Bonamy, revêtu présentement desdites commissions, pour avoir, tenir et exercer ladite commission après le décès ou la retraite dudit Nicolas Bonamy, et ce tant et
si longtemps qu'il plaira au Bureau, aux appointements de la somme
de deux mille livres par an, à commencer dudit décès ou de ladite retraite ; laquelle somme de deux mille livres lui sera payée par
quartier, des deniers de la recette de la Ville, sur les mandements qui
lui en seront délivrés à cet effet, à la charge par lui d'exécuter ponctuellement les fonctions et les devoirs à lui prescrits, joints à ces présentes ; duquel Pierre Bouquet, pour ce présent, Nous avons pris et
reçu le serment de bien et fidèlement exercer lesdites commissions,
au surplus d'exécuter tous les ordres qui lui seront donnés par le
Bureau, et avons fait mettre à ces présentes le scel de la Prévôté des
Marchands.

Ce fut fait et donné au Bureau de la Ville, le 22 juin 1762.

Signé : Camus, Darlu, Boyer, Babille
et Jollivet.

XIV

DÉLIBÉRATION DU BUREAU DE LA VILLE RELATIVE A L'ÉTAT DES LIVRES
AYANT FORMÉ LE NOYAU DE LA BIBLIOTHÈQUE. — ACQUISITION DE
LA BIBLIOTHÈQUE DU SIEUR BONAMY, POUR JOINDRE A CELLE DE
LA VILLE, MOYENNANT 600 LIVRES DE PENSION VIAGÈRE. — DÉLI-
BÉRATION DU BUREAU POUR L'ACCEPTATION DE LA BIBLIOTHÈQUE
DE FEU M. TAUXIER, PAR LUI LÉGUÉE A LA VILLE.

(Arch. de l'Emp. H 1961.)

1763-1768.

Ce jour, Nous Prévôt des Marchands et Échevins de la Ville de
Paris, assemblés au Bureau de ladite Ville, avec le Procureur du Roy
et de la Ville, pour les affaires d'icelle, Monsieur le Prévôt des
Marchands a dit que le Bureau ayant ordonné, par sa délibération
du 2 septembre 1760, l'établissement à l'hôtel de Lamoignon, de la
bibliothèque léguée à la Ville par feu Antoine Moriau, Avocat et Procureur du Roy et de la Ville, honoraire, il croyoit nécessaire, avant
l'ouverture de ladite bibliothèque au public, qui devoit avoir lieu dans
le courant du mois prochain, d'y ajouter encore les livres qui avoient
été acquis par la Ville, en 1734, dans l'idée de former un commencement de bibliothèque, lesquels consistent dans l'état des livres qu'il
Nous mettoit sous les yeux et qui sont depuis ce temps déposés dans
une des pièces dépendantes du greffe de ladite Ville. Sur quoy, la matière mise en délibération, ouy et ce consentant le Procureur du Roy
et de la Ville, Nous avons arrêté et délibéré, arrêtons et délibérons,
que les livres contenus en l'état qui demeurera joint à ces présentes,
après avoir été paraphés de Nous et du Procureur du Roy et de la

Ville, seront transportés incessamment à l'hôtel de Lamoignon, pour y être incorporés avec les autres livres de la bibliothèque de la Ville, desquels le bibliothécaire se chargera, par l'inventaire de la totalité qu'il est tenu de remettre au greffe de la Ville, et au moyen de laquelle remise des livres contenus audit état ci-joint, le greffier de la Ville en demeurera bien et valablement déchargé.

Fait au Bureau de la Ville, lesdits jour et an que dessus.

Signé CAMUS, MERCIER, BABILLE, DEVARENNE, DESHAYES, JOLLIVET.

ÉTAT DES LIVRES SORTIS DE L'ARMOIRE DU PETIT TRÉSOR TENANT AUX PETITES ARCHIVES.

D'Achery, *Collectio veterum scriptorum qui in Gallia,* etc.

Martène et Durand, *Veterum scriptorum et monumentorum historicorum amplissima collectio.*

Martène et Durand, *Thesaurus novus.*

Mabillon, *Vetera analecta.*

Histoire de l'abbaye Saint-Germain-des-Prez.

Histoire de l'abbaye de Saint-Denis.

Félibien, *Histoire de Paris.*

Sauval, *Antiquités de Paris.*

De Lamare, *Traité de la Police.*

Dubois, *Historia Ecclesiæ Parisiensis.*

Histoire de la Maison de Montmorency.

Gallia christiana.

Hadriani Valesii, *historiographi regis, Notitia Galliarum, ordine litterarum digesta.*

Du Boullay, *Historia Universitatis Parisiensis.*

Ordonnances des Rois de France.

Froissart.

Thevet.

Du Breul, *Antiquités de Paris.*

Marrier, *Monasterii regalis Sancti-Martini de Campis Parisiensis*
  historia.

Ensemble. . . . . 54 vol.

Gazette de France, de 1631 à 1760. 112

Gazette de Hollande, de 1743 à 1760. 18

Affiches et Annonces, de 1751 à 1760. . . . . . . : 10

Récapitulation des volumes 194

_____

ACQUISITION DE LA BIBLIOTHÈQUE DU SIEUR BONAMY, POUR JOINDRE
À CELLE DE LA VILLE, MOYENNANT 600 LIVRES DE PENSION VIAGÈRE.

(Arch. de l'Emp. H 1870, fol. 316.)

18 août 1763.

Du jeudi dix-huitième jour d'août mil sept cent soixante-trois.

Ce jour, Nous Prévôt des Marchands et Échevins de la Ville de
Paris, assemblés au Bureau de ladite Ville, avec le Procureur du Roy
et de la Ville, pour les affaires d'ycelle, y est entré Pierre-Nicolas
Bonamy, historiographe et bibliothécaire de ladite Ville, lequel Nous
a représenté que, depuis que Nous l'avons honoré de notre confiance
en lui déférant la place de bibliothécaire de ladite Ville, il y manquoit de certains livres auxquels le public a recours fort souvent;

qu'entre autres, les Mémoires de l'Académie n'y étoient pas à beaucoup près complets; que la partie des anciens auteurs et poëtes y
étoit fort succincte, ainsi que plusieurs autres parties qui doivent
composer une bibliothèque publique, et que Nous serions forcés
d'acquérir; qu'il étoit dans le cas, ayant à lui une bibliothèque assés
considérable, de pouvoir remplir une bonne partie des vuides qui se
trouveroient dans la Bibliothèque de la Ville, si Nous voulions la lui
acquérir moyennant telle rente viagère que Nous jugerions à propos
de lui constituer, réversible à sa sœur, son unique héritière; que,
par ce moyen, la Ville ne seroit pas obligée à une dépense considérable, et rendroit sa Bibliothèque plus complette et plus riche qu'elle
ne l'est; qu'il Nous laissoit en conséquence le catalogue de ses livres,
de lui certifié véritable, et qu'il pensoit que la proposition qu'il
avoit l'honneur de Nous faire Nous plairoit d'autant mieux qu'en un
instant la Bibliothèque de la Ville se trouveroit de beaucoup enrichie,
et sans que la Ville soit obligée de faire de dépense actuelle; qu'il
pensoit bien qu'en examinant le catalogue de ses livres Nous pourrions trouver quelques livres doubles avec la Bibliothèque de la
Ville, mais qu'il pouvoit Nous assurer, et ce que Nous pouvions
savoir par Nous-mêmes, que, dans toutes les bibliothèques, les livres
les plus en usage étoient doubles et quelquefois triples, et qu'il
n'en étoit pas d'une bibliothèque publique comme d'une particulière, où on évitoit ces doubles, à moins qu'ils ne fussent d'une autre
édition. Ledit sieur Bonamy retiré, et la matière mise en délibération, Nous avons, ouy et ce consentant le Procureur du Roy et de
la Ville, et après avoir vu et examiné ledit catalogue, arrêté et délibéré, arrêtons et délibérons qu'il sera fait achapt et acquisition, par
la Ville, de tous les livres et autres ouvrages contenus et énoncés dans
le catalogue dudit sieur Bonamy, lequel demeurera joint à ces présentes, après avoir été paraphé de Nous et du Procureur du Roy et de la
Ville, au bas du certificat dudit sieur Bonamy, pour être, par ledit sieur

Bonamy, remis dans leur ordre et nature de matières avec les autres livres de la Bibliothèque de la Ville, et incorporés dans le catalogue qu'il doit faire de ladite Bibliothèque, comme de chose à elle appartenant à toujours; et pour ladite acquisition faite dudit sieur Bonamy, Nous avons arrêté qu'il sera payé à Marie-Madeleine Bonamy, annuellement, par forme de rente viagère, des deniers de la recette de la Ville, la somme de six cents livres, sans aucune retenue et sur ses simples quittances, et ce à commencer du 1ᵉʳ juillet de la présente année, de six mois en six mois, dont le premier semestre écherra le dernier décembre de ladite présente année; laquelle somme sera passée et allouée en la dépense des comptes du Receveur de la Ville, sans difficulté, en rapportant ces présentes pour la première fois seulement. Avons, en outre, arrêté qu'après le décès de ladite Marie-Madeleine Bonamy, ladite rente viagère sera réversible à Pierre-Nicolas Bonamy, historiographe et bibliothécaire de ladite Ville, jusqu'à son décès, pour la somme de trois cents livres seulement et de la même manière; et ledit sieur Bonamy rentré, après qu'il lui a été fait lecture de cesdites présentes, a dit en être content et Nous en a remerciés, et a signé avec Nous et le Procureur du Roy et de la Ville.

Fait au Bureau de la Ville, lesdits jour et an que dessus.

Signé Camus, Mercier, Babille, Devarenne, Deshayes, Bonamy et Jollivet.

DÉLIBÉRATION DU BUREAU POUR L'ACCEPTATION DE LA BIBLIOTHÈQUE DE FEU M. TAUXIER, PAR LUI LÉGUÉE À LA VILLE.

(Arch. de l'Emp. H 1873, fol. 26 v°.)

15 septembre 1768.

Ce jour, Nous Prévôt des Marchands et Échevins de la Ville de

Paris, assemblés au Bureau de la Ville, avec le Procureur du Roy et de la Ville, Monsieur le Prévôt des Marchands a dit que feu M. Joseph Tauxier, avocat au Parlement et ordinaire de la Ville, par le deuxième de ses codiciles olographes, en suite de son testament, aussy olographe, du 17 février 1755, et ledit codicile du 16 septembre 1761, le tout contrôlé et déposé à Me Delattre de Colleville, notaire à Paris, le 10 juin dernier, ayant légué à la Ville sa bibliothèque, pour être jointe à celle de feu M. Moriau, en nous priant de lui permettre d'y mettre pour condition de payer à M. le marquis de Vastan et à Mme la marquise de Janson, ou au survivant d'eux, une somme de quatre mille livres, à partager entre eux par égale portion, s'ils sont vivants l'un et l'autre, sinon la totalité au survivant, ladite somme payable seulement après le décès de la femme et de la sœur dudit Me Tauxier, et cependant, à compter du jour de son décès, de payer à sa femme, ou, à son défaut, à sa sœur, si elle survit à sa femme, la somme de deux cents livres de rente viagère, pour tenir lieu à sa femme de l'usufruit qu'elle a de ses biens, et à sa sœur pour subvenir aux infirmités qui sont une suite de son grand âge, il croit devoir Nous proposer de délibérer sur l'acceptation de ce legs; que, quoique la condition opposée par ledit Me Tauxier rende pour la Ville ce legs plutôt une acquisition qu'une donation, il est persuadé que Nous entrerons dans les sentiments dudit Me Tauxier, qui sont une suite de son attachement pour la Ville, et que Nous ne refuserons point à sa mémoire, en acceptant cette bibliothèque, un témoignage de la satisfaction que le Bureau a toujours eue de ses services; et a ajouté que le zèle et l'entier dévouement avec lesquels ledit Me Tauxier s'est livré en toutes occasions à la défense de la Ville semblent exiger de Nous une récompense qui s'étende sur sa veuve et sur sa sœur, que son désintéressement ne lui a pas permis de laisser dans un état aussi heureux qu'il l'auroit désiré.

Sur quoy, vu ledit codicile, ouy le Procureur du Roy et de la

Ville, et après en avoir délibéré, voulant donner à la mémoire dudit
Mᵉ Tauxier une preuve de notre satisfaction du zèle et de l'entier
dévouement avec lesquels il s'est livré au service de la Ville, avons,
à ce consentant le Procureur du Roy et de la Ville, arrêté que le legs
fait à la Ville, par ledit défunt Mᵉ Tauxier, de sa bibliothèque, sera
par Nous, pour et au nom de la Ville, accepté, pour être jointe à
celle de feu M. Moriau, appartenant à la Ville, et qu'il sera payé par
la Ville, audit sʳ marquis de Vastan, et à ladite dame marquise de
Janson, ou au survivant d'eux, la somme de quatre mille livres à
partager entre eux par égale portion . . . . ₒ
. . . .

Fait et arrêté au Bureau de la Ville, le 15 septembre 1768.

Signé BIGNON, VIEILLARD, BOUCHER D'ARGIS,

DE LENS, DE LA RIVIÈRE, JOLLIVET.

EXTRAIT DU SECOND DES CODICILES DE Mᵉ JOSEPH TAUXIER.

Je lègue ma bibliothèque à la Ville de Paris, pour être jointe à
celle de M. Moriau. Ce n'est pas qu'elle puisse, en aucune manière,
lui être comparée; cependant il y a dans ma bibliothèque un *Trac-
tatus Tractatuum* que je ne crois point être dans celle de M. Moriau;
un *Traité* de JOANNES DE TERRA RUBRA, sur ce qui est à observer
lorsqu'un de nos rois vient à tomber dans l'état où s'est trouvé
Charles VI, qui n'étoit et n'est peut-être pas encore dans la Bibliothèque du Roy; un recueil d'édits, déclarations et arrêts, dans lequel
il y a, à la vérité, une lacune de plusieurs années, à l'occasion du

procès que j'ai eu avec les enfans de ma première femme, et un recueil de factums en bon ordre, qu'on pourra joindre à ceux que M. Moriau avoit rassemblés.

. . . .

XV

DEVOIRS DE L'HISTORIOGRAPHE ET DU BIBLIOTHÉCAIRE DE LA VILLE.

(Arch. de l'Emp. H 1873, fol. 653.)

20 juillet 1770.

L'historiographe de la Ville sera tenu de continuer les deux corps d'histoire qui auront été commencés par ses prédécesseurs, l'un de la Ville de Paris, l'autre de l'Hôtel de ladite Ville, tant du passé jusqu'à présent que pour l'avenir, et de Nous communiquer tant les projets qu'il aura formés pour parvenir à la suite de la composition desdits deux corps d'histoire, que lesdits deux corps d'histoire, toutefois et quantes il en sera par Nous requis. .

Lesdites histoires, tant ce qui aura été composé avant luy que ce qu'il en aura fait, appartiendront à la Ville en manuscrits, pour par Nous en faire tel usage que nous adviserons bon être, les dédier à qui il appartiendra, les faire imprimer si Nous le jugions à propos aux dépens de ladite Ville; et en cas d'impression, voulons bien en donner audit historiographe vingt-quatre exemplaires reliés aux armes du Roi et de la Ville, sans pouvoir par ledit historiographe faire faire ladite impression, en son nom ou autrement, ni demander et obtenir aucun privilége pour raison de ce, sur quelque prétexte que ce puisse être, même sur celui que ce seroit à ses frais et dépens. Et en cas de décès dudit historiographe, toutes les compositions desdites histoires, et les matériaux qui se trouveront parmi ses effets et qui y auront servi, appartiendront en entier à la Ville, ce dont ledit historiographe sera tenu de faire sa soumission au greffe, en

suite de la minute de sa commission. Et sera tenu ledit historiographe de ne rien écrire directement ou indirectement contre les
intérêts et le bien du Roi et de la Ville.

Le bibliothécaire de la Ville sera tenu de continuer l'inventaire
général raisonné, et par matières, des livres, cartons, registres, manuscrits, pièces fugitives, médailles, jettons, collections et autres,
au fur et à mesure des nouveautés qui pourront entrer dans la bibliothèque de la Ville, et sera aussi tenu de s'en charger sur un
état qu'il fournira au greffe de la Ville tous les trois mois, après que
lesdites pièces auront été reconnues et approuvées par le Bureau.

Si, dans le travail qu'il fera pour la suite et le complet de la bibliothèque, il juge qu'il est nécessaire de changer quelques éditions,
vendre quelques livres doubles, ou de faire achat de quelques livres
ou autres choses propres à la bibliothèque, il sera tenu de rendre
compte de ses propositions par un mémoire au Bureau, et il ne
pourra agir que sur une délibération du Bureau, dont il lui sera
remis un double.

Il se conformera aux jours indiqués par le Bureau pour l'ouverture de la bibliothèque au public; il aura soin que personne ne
puisse emporter aucun livre et autres effets, sous quelque prétexte
que ce puisse être, et il ne lui sera pas loisible de prêter aucun effet
de ladite bibliothèque sans une permission par écrit du Bureau.

Il veillera sur la conduite du sous-bibliothécaire et du portier de
l'hôtel de la bibliothèque, et à ce que tous les lieux en soient tenus
continuellement en état de propreté et de sûreté.

S'il se trouvoit quelques changements, augmentations et raccom-
modages à faire dans lesdits lieux, il sera tenu d'en présenter un
mémoire au Bureau, qui donnera les ordres nécessaires.

Il veillera à ce que le sous-bibliothécaire soit toujours présent les
jours de l'ouverture de la bibliothèque au public.

Tous les frais de bureau généralement quelconques seront pour son compte, sans pouvoir par lui prétendre aucune sorte d'indemnité, ou gratification, ou augmentation d'appointements.

Lorsqu'il entrera en exercice de ladite commission, il sera tenu de se charger, au bas de l'inventaire général qui sera déposé au greffe, de tous les effets de ladite bibliothèque, et de ceux qui auront pu y être déposés depuis, suivant l'état qui en sera au greffe de la Ville.

Il jouira du même logement, audit hôtel de la bibliothèque, et des autres endroits y attachés, dont aura joui son prédécesseur.

Fait et arrêté au Bureau de la Ville, le 27 juillet 1770.

Signé BIGNON, DE LENS, DE LA RIVIÈRE, BASLY, SARAZIN et JOLLIVET.

———

XVI

SURVIVANCE DES COMMISSIONS D'HISTORIOGRAPHE ET BIBLIOTHÉ-CAIRE DE LA VILLE A M. HUBERT-PASCAL AMEILHON.

(Arch. de l'Emp. H 1873, fol. 651 v°.)

27 juillet 1770.

A tous ceux qui ces présentes lettres verront, Armand-Jérôme Bignon, Chevalier, Seigneur et patron de la Meaufle, Semilly, le Saussay, Lillebelle et autres lieux, commandeur prévôt, maître des cérémonies des ordres du Roi, Conseiller d'État ordinaire, bibliothécaire de Sa Majesté, l'un des quarante de l'Académie françoise, et honoraire de celle des Inscriptions et Belles-Lettres, Prévôt des Marchands, et les Échevins de la Ville de Paris, salut. Sçavoir faisons que, voulant donner à Hubert-Pascal Ameilhon, de l'Académie royale des Belles-Lettres, et sous-bibliothécaire de cette Ville, des preuves de l'estime singulière que Nous avons de sa personne et de ses talents, et l'engager à continuer avec le même zèle ses travaux pour le service de la Ville, et duement informés de ses bonnes vie, mœurs, conversation, religion catholique, apostolique et romaine, fidélité et affection au service du Roi, et en conséquence de notre délibération du 2 septembre 1760, icelui, pour ces causes et autres à ce Nous mouvants, avons, ouï et ce consentant le Procureur du Roi et de la Ville, nommé et nommons par ces présentes historiographe et bibliothécaire de la Ville, en survivance de Pierre Bouquet, présentement jouissant desdites commissions, auxquelles il avoit été nommé, en survivance de Nicolas Bonamy, dès le 22 juin 1762; pour, par ledit Me Ameilhon, avoir, tenir et exercer lesdites commissions après le décès ou la retraite dudit Me Bouquet, et ce tant et si longtemps qu'il plaira audit Bureau, et aux appointements de la somme de deux mille livres par an, à commencer du jour desdits décès ou retraite; laquelle somme lui sera payée des deniers de la recette de la Ville, par quartiers, sur les états qui en seront par Nous arrêtés, à la charge par lui d'exécuter ponctuellement les fonctions et les devoirs desdites commissions joints à ces présentes, et tous les ordres qui lui seront donnés par le Bureau; duquel Hubert-Pascal Ameilhon, pour ce présent, Nous avons pris et receu le serment requis. En témoin de quoy, Nous avons fait sceller ces présentes du scel de la Prévôté des Marchands.

Ce fut fait et donné au Bureau de la Ville de Paris, le 27 juillet 1770.

Signé BIGNON, DE LENS, SARAZIN, DE LA RIVIÈRE,
BASLY et JOLLIVET.

———

Et ledit jour, 27 juillet 1770, est comparu au greffe de l'Hôtel de la Ville ledit Me Pascal-Hubert Ameilhon, lequel, après avoir pris lecture des devoirs et fonctions attachés à sesdites commissions cy-dessus d'historiographe et de bibliothécaire de la Ville, a promis et s'est obligé de les exécuter en tout leur contenu, et entre autres à communiquer au Bureau tous les projets qu'il aura formés pour la suite des deux corps d'histoire de la Ville de Paris et de l'Hôtel de Ville, touttefois et quantes il en sera requis, lesquelles histoires appartiendront à la Ville en manuscrits, pour en faire tel usage que le Bureau avisera bien être; qu'en cas de décès ou de retraite dudit

Ameilhon, toutes les compositions qu'il aura faites pour lesdites histoires, et les matériaux qui se trouveront parmi ses effets appartiendront à ladite Ville en entier, sans pouvoir, par ledit Ameilhon, faire
faire l'impression desdites histoires en son nom, demander ni obtenir
aucun privilége pour raison de ce, sur quelque prétexte que ce soit,
même sur celui que ce seroit à ses frais et dépens. Et pour l'exécution
de tout ce que dessus, et de ce qui est porté dans sesdits commissions
et devoirs, il a fait toutes soumissions requises et accoutumées, a
élu son domicile en sa demeure à la Bibliothèque de la Ville, rue
Pavée-au-Marais, et signé.

Signé AMEILHON.

XVII

ACCORD AVEC MM. DU PRIEURÉ DE SAINT-LOUIS-DE-LA-CULTURE,
POUR LA JOUISSANCE DU VAISSEAU DE LEUR BIBLIOTHÈQUE, RUE
SAINT-ANTOINE, AFIN D'Y PLACER LA BIBLIOTHÈQUE DE LA VILLE,
ET ARRANGEMENT AU SUJET DES PLACES DE BIBLIOTHÉCAIRE ET
SOUS-BIBLIOTHÉCAIRE.

(Arch. de l'Emp. H 1875, fol. 41.)

23 septembre 1772.

Ce jour, Nous Prévôt des Marchands et Échevins de la Ville de
Paris, assemblés au Bureau de la Ville, avec le Procureur du Roi et
de la Ville, y sont entrés vénérables et discrètes personnes, Claude
Rousselet, prieur, Claude-Nicolas de la Morlière, Pierre Miron,
Rousselle, Antoine Sermente, Réné Thomas, Pierre Gerbault, Ar-
nould Mangin et Jean-François Damerou, tous prêtres, chanoines
réguliers, composant le chapitre du prieuré royal de Saint-Louis-de-
la-Culture, rue Saint-Antoine, de cette Ville, avec lesquels, d'après
différentes conférences que Nous avons eues avec eux, en exécution
de notre délibération du 11 août dernier, sur leurs propositions
au sujet de la translation de la Bibliothèque de la Ville, de l'hôtel de
Lamoignon dans leur dite maison de Saint-Louis, et, après en avoir à
plusieurs reprises et différentes fois délibéré entre nous, sommes, du
consentement du Procureur du Roi et de la Ville, définitivement
convenus de ce qui suit; c'est à sçavoir :

Que lesdits Chanoines réguliers cèdent et abandonnent à la Ville,

ce accepté par Nous, pour et au nom de ladite Ville, à commencer du
1er janvier prochain et pour autant de temps que la Ville le désirera,
la jouissance du vaisseau de leur bibliothèque, ensemble de deux
pièces ou cabinets y contigus, dans leur dite maison rue Saint-Antoine, à l'effet d'y placer la bibliothèque de la Ville, et ce moyennant
la somme de douze cents livres de loyer par chacun an, que nous promettons, pour et au nom de ladite Ville, de faire payer des deniers
de sa recette, annuellement, pendant le temps de ladite jouissance, et
sans aucune retenüe ni diminution, auxdits sieurs chanoines réguliers, ès mains et sur la quittance du chanoine procureur de ladite
maison de Saint-Louis, de trois mois en trois mois, aux termes ac-
coutumés, dont le premier écherra le 1er avril 1773.

La Ville sera chargée des réparations locatives de l'intérieur de ladite bibliothèque et cabinets, et pourra y faire tels changements et
décorations qu'elle jugera à propos, à la charge toutesfois, dans le
cas où la bibliothèque de la Ville viendroit à être retirée de ladite
maison de Saint-Louis, de rendre les lieux en tel et semblable état
qu'elle les aura reçus, à l'effet de quoy il en sera dressé état.

La translation de la bibliothèque sera faite aux frais et dépens de
la Ville, sous l'inspection des sieurs Bouquet et Ameilhon, bibliothécaires actuels, qui continueront d'y exercer seuls leurs commissions,
et en conséquence auront l'accès de la bibliothèque libre en tout
temps et à toutes les heures du jour, excepté depuis neuf heures du
soir jusqu'à cinq heures du matin, temps de la clôture de la maison.

En cas de retraite ou décès desdits sieurs Bouquet et Ameilhon,
les places de bibliothécaire et sous-bibliothécaire seront remplies
par deux chanoines réguliers de la congrégation de France; et sera
le bibliothécaire choisi et nommé par le Bureau de la Ville, sur la
présentation de M. l'abbé de Sainte-Geneviève, supérieur général desdits Chanoines et du Prieuré de la maison de Saint-Louis; lequel
bibliothécaire ne pourra néantmoins, sous prétexte de cette nomina-

tion ou des fonctions attachées à sa place, prétendre aucuns droits d'exemption de l'office canonical et autres exercices réguliers, excepté aux heures auxquelles la bibliothèque devra être ouverte; et il continuera à vivre, comme les autres chanoines réguliers de la maison, dans la dépendance du supérieur d'icelle, et sous l'obéissance aux lois et règlements de la congrégation. Et quant au sous-bibliothécaire, lequel sera pour aider le bibliothécaire dans les fonctions de sa place, il sera choisi par ledit bibliothécaire dans les Chanoines de ladite maison et de l'agrément du Prieur.

Et attendu que la survivance de la place de bibliothécaire, dont est revêtu le s[r] Bouquet, a été accordée au s[r] Ameilhon, qui exerce ladite place concurremment avec lui, par acte du Bureau de la Ville du 27 juillet 1770, arrivant la retraite ou le décès dudit s[r] Bouquet, ledit s[r] Ameilhon exercera seul la place de bibliothécaire, et le choix et nomination d'un Chanoine régulier pour bibliothécaire et sous-bibliothécaire n'aura lieu qu'après le décès ou la retraite desdits s[rs] Bouquet et Ameilhon.

Lors de l'entrée en fonctions du bibliothécaire-chanoine, il sera, sur l'inventaire de ladite bibliothèque, fait récolement des livres, manuscrits et autres effets d'icelle, pour par lui s'en charger envers la Ville, auquel effet il sera autorisé par ses supérieurs.

Le bibliothécaire sera comptable au Bureau de la Ville de son administration, et tenu de se conformer exactement aux statuts et règlements établis et à établir pour ladite administration.

Et à raison desdites fonctions de bibliothécaire et sous-bibliothécaire, Nous promettons, pour et au nom de ladite Ville, de faire payer comme dessus à ladite maison de Saint-Louis, pour partie de l'entretien et nourriture desdits deux Chanoines, annuellement la somme de douze cents livres, sçavoir : huit cents livres pour le bibliothécaire et quatre cents livres pour le sous-bibliothécaire, et ce à compter du jour qu'ils entreront en exercice.

Promettons en outre de faire payer, aussi annuellement, trois cents livres d'une part, pour gages et salaires du domestique qui sera chargé de balayer la bibliothèque, épousseter les livres, et faire, sous les ordres du bibliothécaire, le service ordinaire, lequel domestique sera au choix du prieur de la maison de Saint-Louis, après le décès ou retraite des bibliothécaires actuels; et celle de cent cinquante livres, d'autre part, pour les gages du portier de la maison qui sera employé pour le service de la bibliothèque.

Dans le cas où Nous, Prévôt des Marchands et Échevins, voudrions observer quelques formalités, pour donner aux présentes conventions plus de solidité, les frais qu'elles pourroient occasionner seront à la charge de la Ville.

Et de leur part lesdits sieurs Prieur et Chanoines promettent et s'obligent de faire approuver cesdites présentes conventions par le chapitre général de la congrégation actuellement assemblé dans l'abbaye de Sainte-Geneviève, et d'en rapporter acte en bonne forme dans quinzaine pour être joint à ces présentes, dont expédition leur a été à l'instant délivrée, ainsy qu'ils le reconnoissent.

Fait et arrêté au Bureau de la Ville, lesdits jour et an. Et ont lesdits sieurs Prieur et Chanoines comparants signé avec Nous et le Procureur du Roi et de la Ville[1].

> Signé De la Michodière, Bellet, Viel, Quatremère, Jollivet, Rousselet, Miron, Thomas, de la Morlière, Rousselle, Dameron, Sermente, Gerbaut et Mangin.

[1] La pièce suivante prouve que les stipulations de ce traité relatives au personnel de la Bibliothèque n'ont pas été exécutées.

XVIII

CONFIRMATION DE M. L'ABBÉ AMEILHON DANS LA PLACE D'HISTORIO-
GRAPHE ET DE BIBLIOTHÉCAIRE DE LA VILLE, ET COMMISSION DE
SOUS-BIBLIOTHÉCAIRE AU Sr JACQUES AMEILHON, SON FRÈRE.

(Arch. de l'Emp. H 1961.)

8 mai 1781.

Du mardi huit mai mil sept cent quatre-vingt-un.

Ce jour, Nous Prévôt des Marchands et Échevins de la Ville de
Paris, assemblés au Bureau avec le Procureur du Roy et de la Ville,
Monsieur le Prévôt des Marchands a fait part d'un mémoire du sieur
abbé Ameilhon, par lequel il expose que le Bureau, par son brevet
du 27 juillet 1770, lui ayant accordé la commission d'historiographe
et de bibliothécaire de la Ville, en survivance du sr abbé Bouquet,
pourvu de ladite place, et l'ayant même autorisé à l'exercer dès lors,
concurremment avec ledit sr abbé Bouquet, ils en avoient jusqu'à
présent rempli les fonctions conjointement; mais que, le sr abbé
Bouquet étant décédé, il alloit s'en trouver seul chargé; que cette
circonstance nécessitoit un sous-bibliothécaire, comme il en avoit
été accordé un lors de l'établissement de ladite bibliothèque au sieur
Bonamy, premier pourvu de la commission de bibliothécaire; que
le travail utile et assidu qu'exigeoit cette place indiquoit d'avance
toute l'importance d'un bon choix, et qu'il étoit invité, pour cette
considération, à proposer au Bureau de vouloir bien nommer, pour

son successeur, le s[r] Jacques Ameilhon, son frère, dont les services gratuits pendant quatre ans et continués jusqu'à ce jour avec le même zèle et sans autre encouragement qu'une gratification annuelle de quatre cents livres, sembloient réclamer en sa faveur les suffrages du Bureau, et qu'enfin sa nomination devant être suivie de la suppression de ce traitement extraordinaire de quatre cents livres, il en résultoit un avantage pour la Ville qui justifioit la préférence qu'il sollicitoit pour lui.

A quoi Monsieur le Prévôt des Marchands a ajouté que les témoignages qui lui avoient été rendus sur le compte du s[r] Ameilhon ne laissoient aucun doute sur sa capacité, et l'annonçoient comme un sujet parfaitement digne d'être associé aux travaux du s[r] abbé Ameilhon, son frère; que, d'ailleurs, l'accord qui devoit naturellement régner entre deux frères écartoit pour l'avenir toute apparence de rivalité et de mésintelligence, dont le danger n'étoit ordinairement que trop à craindre dans l'exercice de fonctions communes à des coopérateurs même subordonnés; et que cette considération, infiniment importante, lui paroissoit un motif de plus pour confier au s[r] Ameilhon plutôt qu'à tout autre cette place de sous-bibliothécaire.

Sur quoy, la matière mise en délibération, et ouï et à ce consentant le Procureur du Roy et de la Ville, Nous avons arrêté :

1° Qu'attendu le décès dudit s[r] abbé Bouquet, la place d'historiographe et de bibliothécaire restera confiée au s[r] abbé Ameilhon seul, et ce conformément audit brevet du 27 juillet 1770 qui lui en avoit assuré la survivance et qu'il exerçoit conjointement avec le s[r] abbé Bouquet, et qu'en conséquence nouveau brevet sera expédié au s[r] abbé Ameilhon, portant qu'à compter du 3 d'avril dernier, jour du décès dudit sieur abbé Bouquet, il jouira des appointements de deux mille livres attachés à l'exercice de laditte place et continuera de jouir des quatre cents livres de supplément qui lui ont été accordées, par délibération du Bureau du 10 décembre 1772, pour lui tenir lieu de logement; au moyen duquel traitement les mille livres d'appointements dont il jouissoit en vertu du brevet du 1ᵉʳ juin 1761, ainsi que la gratification de six cents livres qui lui avoit été accordée par la délibération du 21 mars 1780, et dont la jouissance a été par elle limitée à l'époque de la retraite ou décès dudit sʳ abbé Bouquet, cesseront d'avoir lieu à compter dudit jour 3 avril dernier;

2° Que le sʳ Jacques Ameilhon remplira les fonctions de la place de sous-bibliothécaire, et qu'en conséquence le brevet lui en sera pareillement expédié pour jouir de ladite place aux appointements de mille livres d'une part, et de quatre cents livres de l'autre à titre de logement, lesquelles quatorze cents livres lui seront payées à commencer dudit jour 3 avril dernier. Bien entendu qu'à compter de la même époque les quatre cents livres qui forment le traitement actuel dudit sʳ Ameilhon seront et demeureront supprimées, sans que, sous aucun prétexte, il puisse réclamer aucune somme excédant les quatorze cents livres auxquelles ses appointements en qualité de sous-bibliothécaire doivent être dorénavant fixés.

Fait et arrêté lesdits jour et an.

Signé CAUMARTIN, POCHET, BLACQUE, RICHER, BORDENAVE, JOLLIVET.

XIX

DÉLIBÉRATION DU BUREAU DE LA VILLE PORTANT QU'IL SERA PRÉ-
SENTÉ UNE BOURSE DE CENT JETONS A M. L'ÉVÊQUE DE CALLINI-
QUE, BIENFAITEUR DE LA BIBLIOTHÈQUE DE LA VILLE DE PARIS.
— REMERCIEMENTS DE L'ÉVÊQUE DE CALLINIQUE. — APPROBATION
DU BARON DE BRETEUIL, MINISTRE DE LA MAISON DU ROI, DE LA
VILLE ET GÉNÉRALITÉ DE PARIS.

(Arch. de l'Emp. H 1961.)

1ᵉʳ février, 9-21-22 mars 1787.

Le Procureur du Roy remontre que le Bureau de la Ville a
été touché de la munificence constante de M. l'Évêque de Callinique [1] en faveur de la Bibliothèque de la Ville; que cet établissement lui est redevable d'un très grand nombre d'ouvrages précieux; qu'en dernier lieu ce Prélat vient encore de remettre au
bibliothécaire une somme de six cents livres pour être employée à l'acquisition des livres qui pourroient enrichir la collection de la Bibliothèque dans la partie de l'histoire naturelle; en rappelant les dis-

[1] Nicolas de la Pinte de Livry, chanoine de l'ordre de Prémontré et docteur
en théologie dès 1742, fut, en 1757, proposé par le roi Louis XV et nommé par
le pape Benoît XIV, évêque de Callinique
in partibus, après avoir adhéré à la bulle
Unigenitus. Pourvu en 1758 de l'abbaye
royale de Sainte-Colombe-lez-Sens, et
nommé l'année suivante coadjuteur de

l'évêque de Mâcon, il habitait alternativement Paris et Sens. En 1794, lors de
l'arrestation du cardinal de Loménie de
Brienne et de l'archevêque de Trajano-
polis, neveu et coadjuteur de ce prélat,
il remit tous ses titres ecclésiastiques au
district de Sens. Il mourut l'année suivante, à l'âge de quatre-vingts ans.

positions que le Bureau de la Ville a témoignées à cet égard dans plusieurs circonstances, le Procureur du Roy requiert qu'elles soient réalisées; qu'en conséquence il soit délibéré, s'il y échet, d'écrire très-incessamment à M. l'Évêque de Callinique et d'y joindre l'hommage d'une bourse de jetons, dont la date offrira toujours un grand intérêt, puisqu'ils rappelleront l'époque du ministère et de la prévôté mémorables sous lesquels l'exécution des embellissements de la capitale a été heureusement commencée [1].

Fait à Paris, le 1er février 1787.

ÉTHIS DE CORNY.

———

Une délibération conforme aux conclusions du Procureur du Roi et de la Ville fut prise par le Bureau, le 9 du mois de mars suivant.

———

LETTRE DE L'ÉVÊQUE DE CALLINIQUE À MESSIEURS DE LA VILLE.

Messieurs,

L'illustre fondateur de votre bibliothèque a bien senti que la sienne seroit d'une extrême utilité dans un quartier de Paris, vaste, isolé pour ainsi dire et éloigné de tous secours pour le progrès des sciences et des lettres : il l'a donnée à la Ville; vues patriotiques et dignes d'un magistrat éclairé sur le bien public ! Touché d'un si généreux exemple, j'ai pris la liberté d'offrir la mienne à Messieurs vos prédécesseurs, qui ont bien voulu l'accepter. Peu nombreuse, je l'ai augmentée par moi-même; mais, obligé de renoncer à Paris,

———

[1] Il s'agit du ministère du baron de Breteuil et de la prévôté de Louis Le Peletier.

j'ai prié M. Ameilhon depuis trois ans de vouloir bien prendre les soins et les peines que demandent les acquisitions qu'il fait avec un goût merveilleux et avec des connoissances en tout genre bien supérieures aux miennes. Puis-je mieux donner ma confiance qu'à celui que vous avez jugé digne de la vôtre? Vous voyez par là, Messieurs, quel plaisir je trouve à orner une bibliothèque si utile et si intéressante de bons ouvrages. Il ne manquoit à ma satisfaction que d'apprendre par vous-mêmes que vous voulez bien leur accorder votre agrément et votre suffrage. L'un et l'autre m'étoient assez honorables, sans y joindre un présent qui, de votre part, ne peut m'être que très-flatteur. Je le reçois avec la plus vive reconnoissance, et je vous en fais mes très-humbles remerciements.

Je suis avec respect,

Messieurs,

Votre très-humble et très-obéissant serviteur.

L'Év. DE CALLINIQUE.

A Sens, ce 21 mars 1787.

LETTRE DU BARON DE BRETEUIL AU PRÉVÔT DES MARCHANDS.

Versailles, 22 mars 1787.

J'ai mis, Monsieur, sous les yeux du Roi la délibération du Bureau de la Ville, du 9 de ce mois, concernant sa bibliothèque. Sa Majesté ayant reconnu que toutes les dispositions qu'elle contient sont très-judicieuses, Elle n'a trouvé aucune difficulté à les approuver. Je vous prie de vouloir bien en informer le Bureau de la Ville.

J'ai l'honneur d'être avec un sincère attachement, Monsieur, votre très-humble et très-obéissant serviteur.

Le baron DE BRETEUIL.

XX

LA BIBLIOTHÈQUE DE LA VILLE DEVENUE BIBLIOTHÈQUE DE LA COM-
MUNE DE PARIS. — DERNIERS ACTES D'AMEILHON. — ATTRIBUTION
DE L'ANCIENNE BIBLIOTHÈQUE A L'INSTITUT. — FORMATION D'UNE
NOUVELLE BIBLIOTHÈQUE MUNICIPALE ET RÉORGANISATION DES
TRAVAUX HISTORIQUES.

1793-1821.

Installée dans l'ancien collége des Jésuites et ouverte au public le 16 juin
1773, la Bibliothèque de la Ville y demeura, sous la garde du bibliothécaire-
historiographe, jusqu'au 28 fructidor an v (5 septembre 1797), époque où elle
fut transférée au Louvre, pour être mise à la disposition de l'Institut. L'étroite
solidarité qui a toujours uni la Bibliothèque aux études historiques nous déter-
mine à donner ici en abrégé ou *in extenso* quelques-unes des pièces officielles
où sont consignés les derniers actes qui ont trait à ces deux services.

CORRESPONDANCE RELATIVE À LA BIBLIOTHÈQUE DE LA COMMUNE.

28 ventose an III.

. (Archives de l'Empire, F 17, 1203.)

Lettre du citoyen Ameilhon à la commission de l'Instruction publique, tendant
à ce qu'il soit nommé une commission afin de constater que les livres qu'il dé-
clare avoir achetés de ses deniers pour la Bibliothèque de la Commune y ont
été réellement déposés, et que, en conséquence, ledit citoyen bibliothécaire
soit remboursé de ses avances.

14 vendémiaire an v.

(Archives de l'Empire, F 17, 1203.)

Rapport du citoyen Ameilhon, « bibliothécaire de la Commune, » au citoyen
Ministre de l'intérieur, sur l'état de dégradation où se trouvait alors la toiture
de la Bibliothèque; auquel rapport est joint le *post-scriptum* suivant :

« Citoyen, je suis le seul de tous les bibliothécaires qui n'ait pas
la faculté d'aller dans les dépôts littéraires pour y choisir des

livres [1]. Si vous tardez plus longtemps de m'accorder l'autorisation qui m'est nécessaire, je ne trouverai plus que des épluchures. La Bibliothèque de la Commune est assez utile au public pour qu'on la fasse jouir du même privilége que les autres. »

---

19 vendémiaire an v.

(Archives de l'Empire, F 17, 1203.)

Le Ministre de l'intérieur au citoyen Ameilhon, bibliothécaire de la Commune.

« Je vous autorise, citoyen, conformément à votre demande, à vous transporter dans les différents dépôts littéraires de la Commune de Paris, afin d'y chercher les livres que vous croirez nécessaires pour la bibliothèque qui est confiée à vos soins. »

ATTRIBUTION DE LA BIBLIOTHÈQUE DE LA COMMUNE À L'INSTITUT.

Du 27 du mois de ventôse, l'an v de la République française une et indivisible.

(Procès-verbaux des séances du Directoire exécutif de la République française, p. 174.)

Le Directoire exécutif, après avoir entendu le rapport du Ministre de l'intérieur sur la demande faite, par l'Institut national des sciences et arts, de la *Bibliothèque* dite *de la Ville*, pour former la bibliothèque que la loi du 15 germinal lui accorde, voulant, autant qu'il est en son pouvoir, fournir à l'Institut national les moyens de remplir son importante destination, arrête :

ARTICLE PREMIER.

La Bibliothèque, dite *de la Commune*, est mise à la disposition de

---

[1] Les livres provenant des communautés et corporations supprimées avaient été réunis dans plusieurs locaux qu'on désigna sous le nom de *dépôts littéraires*. Le dépôt « Louis-la-Culture, » dont Ameilhon était conservateur, occupait les salles de l'ancienne Bibliothèque de la Ville, l'église Saint-Paul-Saint-Louis et une partie des bâtiments du collége des Jésuites.

l'Institut national des sciences et arts, en exécution des lois du 3 brumaire et du 15 germinal an IV.

ART. 2.

Le Ministre de l'intérieur est chargé d'en faire effectuer le transport et le placement dans le local désigné par l'Institut national, et qui lui a été accordé par la loi.

Le présent arrêté ne sera point imprimé [1].

Pour expédition conforme:

Le Président du Directoire exécutif, REWBELL.

Par le Directoire exécutif :

Le Secrétaire général, LAGARDE.

Pour copie conforme:

Le Directeur général de l'Instruction publique, GINGUENÉ.

CORRESPONDANCE RELATIVE À L'EXÉCUTION DE L'ARRÊTÉ DU 27 VENTÔSE AN V.

28 fructidor an v.

(Archives de l'Empire, F 17, 1203.)

Lettre du citoyen Ameilhon au citoyen Ginguené, directeur général de l'Instruction publique. (Extrait.)

« . . . L'Institut national fait transporter en ce moment la Bibliothèque de la Commune au Louvre. Or ce dépôt ne peut sortir de mes mains, pour passer dans celles du nouveau dépositaire, sans que les formes prescrites par toutes les règles du devoir et de

---

[1] Cette disposition est assez remarquable : il semble que le Directoire exécutif ait voulu laisser ignorer au public l'acte de spoliation qu'il commettait.

l'honnêteté soient observées de part et d'autre; ce qui rendra ma résidence nécessaire, au moins jusqu'à la fin de cette opération, dans la maison de Louis-la-Culture [1]... »

---

14 ventôse an VI.

(Archives de l'Empire, F 17, 1203.)

Van Thol, conservateur du dépôt national littéraire Louis-la-Culture, au Ministre de l'intérieur.

« Citoyen Ministre, le transport de la Bibliothèque de la Commune de Paris à celle de l'Institut national est fait. J'ai à présent de grandes salles libres et propres à contenir les livres qu'on doit déplacer pour le logement des professeurs de l'école centrale... »

[1] C'est ici le lieu d'exprimer une opinion motivée sur le dernier bibliothécaire-historiographe de la Ville de Paris. Ameilhon a été fort diversement apprécié par les biographes : on en a fait alternativement un bibliophile fervent et un furieux iconoclaste ; la vérité est entre ces deux extrêmes. Lorsque éclata la Révolution, Ameilhon, qui était homme d'église comme Daunou et tant d'autres, répudia violemment le passé pour embrasser les doctrines nouvelles. Désireux de donner des témoignages publics de civisme, il fit partout enlever les fleurs de lis, les armoiries, les noms de saints, et autres « insignes de la royauté, de la féodalité et de la superstition. » Il fit brûler, ce qui est plus grave pour un bibliothécaire, plusieurs centaines de manuscrits fort précieux pour l'histoire, et dont la Biographie Michaud donne la liste. Mais il est juste de reconnaître qu'il racheta plus tard ces actes regrettables par un grand zèle pour la Bibliothèque de la Ville, qu'il se montra conservateur soigneux du dépôt littéraire de Saint-Louis, et qu'il contribua puissamment à la réorganisation de la Bibliothèque de l'Arsenal. Ameilhon a donc, ou par peur ou par calcul, sacrifié un instant aux préjugés de l'époque, et il est revenu à des idées plus raisonnables dès que les affaires publiques et sa situation personnelle le lui ont permis.

14 vendémiaire an VI.

(Archives de la préfecture de la Seine, article 1276.)

Nicoleau, bibliothécaire de la Commune de Paris, aux Administrateurs du département.

« Citoyens administrateurs,

« Un décret du Corps législatif ayant mis à la disposition de l'Institut national la Bibliothèque de la Commune établie aux ci-devant Jésuites, l'Institut se disposait, il y a quelque temps, à faire enlever non-seulement les livres, mais encore les corps de bibliothèque, les boiseries, armoires et leurs portes grillées, etc. Je m'empressai, citoyens administrateurs, d'écrire au Ministre de l'intérieur pour lui observer qu'il en coûterait beaucoup pour démonter, transporter toutes ces boiseries et pour les replacer, attendu qu'elles ne conviendraient pas toutes également au local qu'on leur destinait au Louvre ; j'observai de plus qu'il y aurait de grandes dépenses à faire pour établir la bibliothèque de ladite école centrale ; le Ministre trouva mes observations justes et économiques ; il fut décidé en conséquence que l'Institut laisserait les corps de bibliothèque. Aujourd'hui, pour des motifs particuliers, le conseiller Lassus, bibliothécaire de l'Institut, est venu aux ci-devant Jésuites avec un menuisier et des ouvriers, pour enlever tous les corps de bibliothèque d'un bout à l'autre de la salle. Je lui ai représenté les grands inconvénients et les frais considérables qui en résulteraient, et de plus la facilité de trouver, dans le dépôt littéraire et ailleurs, plus de tablettes et de corps de bibliothèque qu'il n'en faut à l'Institut. Si l'on enlève tout un côté de la Bibliothèque de la Commune, il ne restera pas de quoi placer les machines expérimentales de physique, de chimie et d'histoire naturelle. Vous êtes suffisamment instruits, citoyens administrateurs, de la nécessité de conserver un nombre suffisant de corps de bibliothèque; vous prendrez dans votre sagesse les mesures économiques que les circonstances exigent.

« Salut et respect.

« NICOLEAU. »

Le lendemain, 15 vendémiaire an VI, le citoyen Molinos, architecte et inspecteur des bâtiments départementaux, adressait un rapport dans le même sens aux Administrateurs du département de la Seine, qui firent droit à ses conclusions. L'agencement des salles de la Bibliothèque demeura donc ce qu'il était, et servit à la troisième École centrale de Paris, installée dans la « ci-devant maison de Louis-la-Culture. » Décrétées en 1794 et organisées en 1795, les Écoles centrales n'eurent qu'une courte durée : elles furent supprimées en 1802. Un arrêté du Gouvernement, du 8 pluviôse an XI (29 janvier 1803), ayant ordonné que les bibliothèques de ces écoles fussent mises à la disposition et sous la surveillance des municipalités, qui nommeraient et rétribueraient les conservateurs, M. Frochot, Préfet de la Seine, s'empressa de reconstituer la Bibliothèque de la Ville et de la confier à Nicoleau, qui en avait eu soin depuis la nomination d'Ameilhon au poste d'administrateur de la Bibliothèque de l'Arsenal. La création des Lycées, qui coïncida avec la suppression des Écoles centrales (1er mai 1802), ne permit pas au Préfet de la Seine de maintenir la Bibliothèque dans les bâtiments qu'elle occupait depuis 1773 : elle fut donc transférée dans l'ancien Hôtel des Vivres, situé rue Saint-Antoine, n° 287, et appartenant à une dame Laponce. Dans cet immeuble, qui porta plus tard le numéro 110 et qui était loué à la Ville moyennant une somme de douze cent soixante francs, la Bibliothèque demeura jusqu'aux premières années de la Restauration, époque à laquelle M. le comte de Chabrol fit disposer, pour la recevoir, « les salles Saint-Jean » c'est-à-dire les bâtiments dépendant de l'ancienne église de ce nom[1]. C'est l'année même où cette translation eut lieu que furent reprises les études historiques, interrompues depuis la chute de la Prévôté des Marchands (14 juillet 1789) : nouveau témoignage de l'étroite solidarité qui a toujours uni ces deux services[2].

[1] *Archives de la Préfecture de la Seine,* carton 1676. — [2] Voir page 58.

CONSEIL MUNICIPAL DE PARIS

NOMMÉ PAR DÉCRET IMPÉRIAL DU 15 NOVEMBRE 1864

(Lois des 5 mai 1855 et 16 juin 1859.)

CONSEIL MUNICIPAL DE PARIS.

BUREAU.

PRÉSIDENT.

M. Dumas, G. C. ✲.

VICE-PRÉSIDENTS.

MM. Barrot (Ferdinand), G. O. ✲.
Chaix d'Est-Ange, G. O. ✲.

SECRÉTAIRE.

M. Merruau (Charles[1]), O. ✲.

VICE-SECRÉTAIRES.

MM. Moreau (Ernest), O. ✲.
Denière, O. ✲.

SYNDIC.

M. Thibaut (Germain), O. ✲.

[1] Elu le 6 décembre 1865, en remplacement de M. Langlais, chargé de la réorganisation des finances au Mexique.

MEMBRES.

MM.

ARNAUD-JEANTI, O. ✻, ancien Maire d'arrondissement.

AUGER, ✻, ancien Maire de Pantin, ancien Président du Conseil d'arrondissement de Saint-Denis.

AVRIL, C. ✻, Inspecteur général de première classe et Directeur de l'École des Ponts et Chaussées.

BARROT (FERDINAND), G. O. ✻, Sénateur, Secrétaire du Sénat.

BAYVET, O. ✻, ancien Raffineur, l'un des Censeurs de la Banque.

BILLAUD, C. ✻, ancien Syndic des Agents de change.

BOULATIGNIER, C. ✻, Conseiller d'État.

CHAIX D'EST-ANGE, G. O. ✻, Vice-Président du Conseil d'État.

COLLETTE DE BAUDICOUR (THÉODULE), Juge au Tribunal de première instance de la Seine.

CORNUDET, O. ✻, Conseiller d'État.

DECAUX, ✻, Ingénieur civil, Sous-Directeur de la teinture aux manufactures des Gobelins et de Beauvais.

DENIÈRE, O. ✻, Fabricant de bronzes, ancien Président du Tribunal et Secrétaire de la Chambre de Commerce.

DESFOSSÉ, ✻, Fabricant de papiers peints.

DEVINCK, C. ✻, Négociant, ancien Député au Corps législatif, ancien Président du Tribunal de Commerce.

MM.

DILLAIS (VICTOR), ✻, ancien Agréé au Tribunal de Commerce.

DUBAN, O. ✻, Membre de l'Institut, Inspecteur général des bâtiments civils, Vice-Président du Conseil des bâtiments civils.

DUBARLE, ✻, Conseiller à la Cour impériale.

DUCLOUX, ✻, ancien Président de la Chambre des Notaires.

DUMAS, G. C. ✻, Sénateur, Membre de l'Académie des Sciences et de l'Académie de Médecine, Inspecteur général de l'Enseignement supérieur, Membre du Conseil impérial de l'Instruction publique, Professeur à la Faculté des Sciences, l'un des Administrateurs du Crédit foncier.

DUMONT, Propriétaire.

FÈRE, ✻, Négociant, Vice-Président de la Chambre de Commerce, l'un des Censeurs de la Banque.

FIRMIN-DIDOT (AMBROISE), O. ✻, Imprimeur-libraire, ancien Membre de la Chambre de Commerce.

FLOURENS, G. O. ✻, Membre de l'Académie Française, Secrétaire perpétuel de l'Académie des Sciences, Professeur au Collége de France et au Muséum d'histoire naturelle.

† FOUCHER (VICTOR), G. O. ✻, Conseiller à la Cour de Cassation[1].

GARNIER, ✻, Négociant en métaux, ancien Adjoint au Maire du 11ᵉ arrondissement.

GAUTIER DE CHARNACÉ, ✻, Conseiller à la Cour impériale.

GOUIN, O. ✻, Constructeur de machines, Membre de la Chambre de Commerce, ancien Président d'un des Conseils de Prud'hommes.

HÉBERT, ✻, ancien Maire de la Chapelle.

[1] Décédé le 2 février 1866.

MM.

KŒNIGSWARTER, O. ✻, ancien Banquier, ancien Député au Corps législatif.

EUGÈNE-LAMY, O. ✻, Conseiller à la Cour de Cassation.

† LANGLAIS, O. ✻, Conseiller d'État[1].

LEBAUDY (GUSTAVE), Raffineur.

LE BLANC, ✻, Propriétaire, ancien Magistrat[2].

LEGENDRE, O. ✻, Négociant, l'un des Administrateurs du Comptoir d'escompte.

LEMOINE, ✻, ancien Fabricant de meubles.

LENOIR, ✻, ancien Négociant, ancien Maire d'arrondissement.

LOZOUET, ✻, Propriétaire, à Belleville.

MANCEL, Juge de paix du 19ᵉ arrondissement.

MERRUAU (CHARLES), O. ✻, Conseiller d'État.

MICHEL DE TRÉTAIGNE (Le Baron), C. ✻, ancien Médecin principal des armées, ancien Maire d'arrondissement.

MONNIN-JAPY, O. ✻, Manufacturier, ancien Député au Corps législatif, ancien Maire d'arrondissement.

MOREAU (ERNEST), O. ✻, ancien Président de la Chambre des Avoués.

ONFROY, ✻, ancien Manufacturier, Directeur de *la Nationale,* Compagnie d'assurances sur la vie.

OUDOT, ✻, Négociant.

PAILLARD DE VILLENEUVE, O. ✻, Avocat à la Cour impériale, ancien Membre du Conseil de l'Ordre.

[1] Décédé au Mexique, le 17 mars 1866.

[2] Nommé maire du 18ᵉ arrondissement, par décret impérial du 18 décembre 1864.

MM.

PELOUZE, C. ✻, Président de la Commission des Monnaies, Membre de l'Académie des Sciences.

PÉRILLIEUX, ancien Manufacturier.

PICARD, O. ✻, Membre de la Chambre syndicale du commerce des bois à brûler, ancien Maire d'Ivry.

POISSON (Le Baron), ✻, ancien Officier d'artillerie.

POSSOZ, O. ✻, ancien Maire de Passy.

RATTIER, ✻, Manufacturier.

RAVAUT, ✻, Marchand de bois de construction, Syndic-Président de la Communauté des marchands de bois à ouvrer.

ROBERT-FLEURY, O. ✻, Membre de l'Institut, Directeur de l'École des Beaux-Arts.

SÉGALAS, O. ✻, Membre de l'Académie de Médecine.

TARDIEU, O. ✻, Membre de l'Académie de Médecine, ancien Doyen de la Faculté de Médecine.

TEISSONNIÈRE, Négociant en vins.

THIBAUT (GERMAIN), O. ✻, ancien Président de la Chambre de Commerce.

THIBOUMÉRY, ✻, ancien Maire de Vaugirard.

VARIN, C. ✻, Négociant, ancien Maire d'arrondissement.

WINNERL, O ✻, Horloger de la Marine impériale.

COMMISSION ET SOUS-COMMISSION

DES

TRAVAUX HISTORIQUES

INSTITUÉES PAR ARRÊTÉ DE M. LE SÉNATEUR PRÉFET DE LA SEINE

En date du 29 décembre 1865.

COMMISSION MUNICIPALE

DES

TRAVAUX HISTORIQUES[1].

PRÉSIDENT.

M. HAUSSMANN (Le Baron), G. C. ✻, Sénateur, Préfet de la Seine.

VICE-PRÉSIDENT.

M. BLANCHE (ALFRED), O. ✻, Conseiller d'État, Secrétaire général de la Préfecture de la Seine.

---

[1] La plupart des membres de cette commission faisaient partie de celle qui avait été instituée par les arrêtés préfectoraux des 22 janvier 1862 et 26 mars 1863, et sous la direction de laquelle ont eu lieu les travaux préparatoires (voir ci-dessus, p. 17). M. Chaix d'Est-Ange, qui en était le président, s'est vu forcé, par la multiplicité de ses occupations, de renoncer à faire partie de la nouvelle commission.

MEMBRES.

MM.

BOULATIGNIER, C. ✱........
DENIÈRE, O. ✱...........
FIRMIN-DIDOT, O. ✱........
† FOUCHER (VICTOR) G. O. ✱.. ⟩ Membres du Conseil municipal.
EUGÈNE-LAMY, O. ✱........
MERRUAU (CHARLES), O. ✱....
POISSON (Le Baron), ✱......

PARIS (PAULIN), ✱, Membre de l'Institut, Professeur au Collége de France, Conservateur-adjoint des Manuscrits à la Bibliothèque impériale.

QUICHERAT (JULES), ✱, Professeur à l'École des Chartes.

ARTAUD-HAUSSMANN, Auditeur au Conseil d'État, Commissaire du Gouvernement près le Conseil de Préfecture.

READ (CHARLES), Chef de section à la Préfecture de la Seine (Archives, Bibliothèque, Travaux historiques).

SECRÉTAIRE.

M. TISSERAND (L. M.), Secrétaire-archiviste du Service historique.

SOUS-COMMISSION PERMANENTE

DES

TRAVAUX HISTORIQUES.

———

PRÉSIDENT.

M. BLANCHE (ALFRED).

MEMBRES.

MM. POISSON (Le Baron).

Paris (PAULIN).

QUICHERAT (JULES).

ARTAUD-HAUSSMANN.

READ (CHARLES).

SECRÉTAIRE.

M. TISSERAND (L. M.).

———

INDEX ALPHABÉTIQUE.

(Les chiffres entre parenthèses se rapportent aux notes placées au bas des pages.)

A

B

C

G

H

J

K

L

M

N

O

P

Q

R

S

T

V

W

TABLE DES MATIÈRES.